ニュートン式

超図解

最強に面白い!!

心理学

人間関係編

JN228800

はじめに

　人は，どんな人を好きになるのでしょうか。これは，「対人魅力」とよばれる，心理学の研究テーマの一つです。

　中学生や高校生のときに，校庭で部活動をしている好きな人の姿を，毎日教室からながめていたという経験がある人もいることでしょう。一般的には，「好きだから見る」というのが当然の順番だと思われているようです。ところが研究によると，「見るから好きになる」という順番もあることがわかっています。何度もくりかえし見かけるうちに，その人のことを好きになってしまうことがあるというのです！

　心理学とは，人の心のしくみを，科学的な方法で理解しようとする学問です。人の心がどんなときにどのようなはたらきをするのか事前に知っておけば，きっと役に立つことがあるでしょう。

　本書は，毎日の生活の中で役に立つさまざまな心理学の話題を，“最強に”面白く紹介する1冊です。どうぞお楽しみください！

ニュートン式 超図解 最強に面白い!!

心理学 人間関係 編

1. 心理学は，こんな学問

2. 人に好かれるための心理学

3. 思いこみの心理学

4.「損」と「得」の心理学

5. 年代別の心理学

6. 心の問題を取り除く心理学

1. 心理学は、こんな学問

心理学とは、いったいどんな学問なのでしょうか。第1章では、心理学にどのような研究分野があり、どのように研究が行われているのかを紹介します。

1 心理学とは，人の心を科学的に理解する学問

心は見ることもさわることもできない

心理学とは，人の心のしくみを，科学的な方法で理解しようとする学問です。心は，見ることもさわることもできないため，しくみを理解するのがむずかしいものです。

心のしくみの探求は，古代より，哲学や医学によって行われてきました。しかしその方法は，哲学者や医学者個人の，経験や思考によるものでした。

目に見える「行動」を観察・測定する

現代の心理学では，科学的な方法によって，心のしくみをとらえようとします。**心そのものは測定することができないため，目に見えるかたちであらわれる「行動」を観察・測定し，その行動を生みだした背景にある心のしくみを推測するのです。**行動の観察・測定は，実験室のような場に限りません。

心理学とは，観察や測定で得られたデータをもとに仮説と検証を行い，統計の技術を使って人々に共通する性質や傾向を明らかにしたり，個人個人の性格を理解したりする学問だといえます。

行動の観察から心を探る

町を歩くのにも，レストランで食事をするのにも，心が影響しています。心理学では，行動を観察する実験をしたり，心の問題をかかえる患者の行動を観察したりします。

2 心理学には，さまざまな研究分野がある

心の要素ごとに，性質を明らかにする

　心とは何であるかを，一言で説明することはできません。そこで心理学では，心をいくつかの要素に分けて考えます。心を構成する要素には，知覚，記憶，学習，思考，感情などがあります。心のしくみを解明するためには，それぞれの要素があらわれる行動を観察・測定し，要素ごとに性質を明らかにします。

心理学の主要な研究分野

　心理学の主要な研究分野には，「実験心理学」「性格心理学」「社会心理学」「臨床心理学」などがあります。
　「実験心理学」は，実験を通じて心を構成する要素の性質を明らかにします。「性格心理学」は，個人の性格（パーソナリティ）の成り立ちや行動パターンの理解を深めます。
　「社会心理学」は，集団の中での人のふるまいや考え方のくせなどを明らかにします。「臨床心理学」は，心の病や社会への不適応の悩みを解決するために，介入を行います。
　ほかにも，特定の状況における人の心を探求する分野や，体や脳の機能と心のしくみの関係を調べる分野などがあります。

心理学の研究分野

心理学には，心の性質を明らかにする「基礎的」な分野もあれば，実生活の中でおきる心の問題に対処する「応用的」な分野もあります。また，「個人的」な心を対象とする分野から，「社会的」な心を対象とする分野まであります。

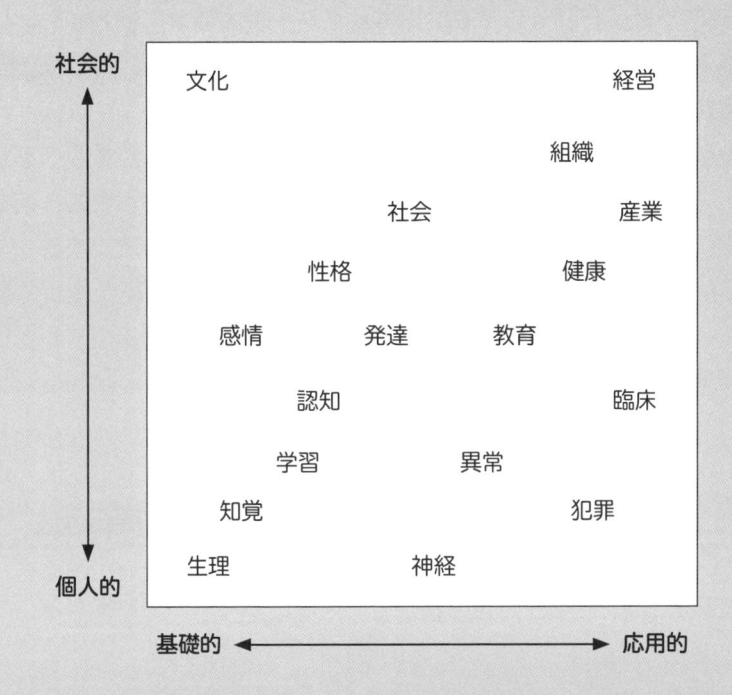

（出典：『心理学って何だろう』市川伸一／著，北大路書房，2002年発行を一部改変）

心理学には，いろんな研究分野があるのね！

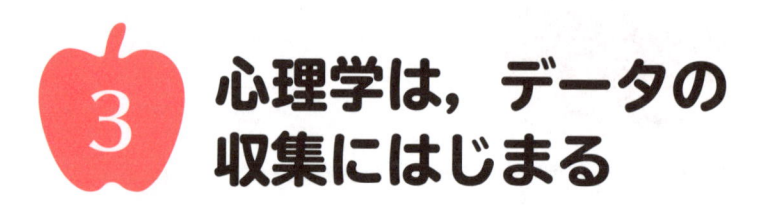

心理学は，データの収集にはじまる

心の基礎的な性質を調べる「実験法」

心理学では，行動として表に出てくるデータを集め，それをもとに仮説を検証します。**よく使われている方法は，「実験法」「質問紙調査法」「観察法」「面接法」の四つです。**

「実験法」では，特定の要因が結果に影響をあたえるかを調べるために，特定の要因を操作して，結果の変化を観察します。主に，人々に共通する心の基礎的な性質を調べるときに使われる方法です。

「質問紙調査法」では，調べたい項目について，質問紙を使って参加者に直接たずねます。主に，人々の考えや感じ方を直接たずねたいときに使われる方法です。

新しい仮説を立てたいときに使われる「観察法」

「観察法」は，主に，特定の状況での人々のふるまいの特徴などについて，新しい仮説を立てたいときに使われる方法です。

「面接法」では，研究者と参加者が1：1または集団になって話し合いを行います。

研究の目的に応じて，これらの方法を使い分けて，仮説を立てたり，仮説を検証したりしながら，研究を進めます。

データを集める四つの方法

心理学の基礎となるのがデータの収集です。その方法として，「実験法」「質問紙調査法」「観察法」「面接法」という四つがよく使われています。

実験法

質問紙調査法

観察法

面接法

ネットの心理テストはホント？

いつも元気な中村君が，落ちこんでいる様子です。

 最近，彼女が冷たくて。ネットの心理テストでは，僕は女心がわからないから恋愛がうまくいかないって。

 ふむ。じゃがたいていの男は，「女心がわからない」といわれると，「あたってる」と思うんじゃないかね。

 でも，前の彼女ともラブラブだったのに，結局ふられちゃったんですよ。僕の恋愛がうまくいかないのは，きっと女心がわからないせいなんです！

 だれでも信じたい内容は，印象に残るんじゃ。それに，だれにでもあてはまるような内容を，自分だけにあてはまると思う傾向があるんじゃよ。ふられたことのある人間なんて，いくらでもおるぞ。

 じゃあ，心理テストは根拠がないんですか？

 本物の心理学とは別物じゃ。ま，エンターテイメントとして楽しむくらいにするんじゃな。

2. 人に好かれる ための心理学

人が人を好きになるとき，心はどんなはたらきをするのでしょうか。第2章では，人間関係を通したさまざまな場面で，心がどのようにはたらくのかをみていきましょう。

1 あの子に好かれるには、なるべく視界に入ろう！

好きだから見る？　見るから好きになる？

　人は，どんな他者に好意を抱くのでしょうか。これは「対人魅力」といって，「社会心理学」であつかわれるテーマの一つです。

　あなたは，好きな人の姿を思わず目で追ってしまったという経験はありませんか。このようなとき，「好きだから見る」のだと思うでしょう。ところが，1968年に，アメリカの社会心理学者のロバート・ザイアンス（1923 ～ 2008）が発表した研究によれば，「見るから好きになる」という因果関係もあることが明らかとなりました。これを，「単純接触効果」または「ザイアンスの法則」とよびます。

「あって当たり前」のものは好ましい

　単純接触効果は，くりかえし接触することで，それを「あって当たり前」のものだと私たちが錯覚するためにおきると考えられています。あって当たり前と記憶することにより，人はそれを流暢に，ストレスなく認知できるようになります。流暢に認知しやすいものの方が好ましいものであるという心理が，単純接触効果を生むのです。

　一方で，相性が悪い，または嫌悪感を抱いている相手に対しては，接触すればするほど，逆に悪い印象をつのらせることがあります。

何度も見ると好きになる

複数の見知らぬ人の顔の画像を見せる実験で，表示回数が多いほど「好みである」と判断されました。好きな人からなるべく見えるように行動すれば，好意をいだかれるかもしれません。

2 美男美女は，性格がよいと思われがち

印象に大きな影響を与える外見的魅力

人が他者に好意を抱く要因の一つに，他者の性格や身体的魅力があります。これを，「他者要因」といいます。その中でもとくに強いのが，外見的魅力です。美人の女性やハンサムな男性が第一印象で好意をもたれやすいことは，だれもが知るところでしょう。

部分的な情報を手がかりに全体的な印象を形成する

私たちは，よく知らない相手に対して部分的な情報があたえられると，その情報を手がかりに全体的な印象を形成しようとします。これを，「印象形成」といいます。印象に最も大きな影響をあたえるものの一つが，外見というわけです。

そしてそれにより，初対面の相手に対しては，「外見がよければ，性格もよい」といったステレオタイプ的な認知が生じやすくなります。これを，「ハロー効果（光背効果）」といいます。ある人が，何らかの目立つ側面で望ましい特徴をもっていると，そのほかの側面まで望ましい特徴をもっているとみなしてしまう認知のゆがみのことです。望ましい特徴は，その特徴とは直接関係のない性格や行動にも，影響をおよぼすことがあるのです。

ハロー効果

ある顕著な特徴に引きずられて，他の特徴に対する評価が歪められることを「ハロー効果（光背効果）」といいます。「後光効果」や「認知バイアス」ともよばれます。人事評価の場面などでも生じます。

性格も
いいのかしら。

3 エスカレーターの立ち位置は，まわりの人しだい

集団の中でしか通用しない暗黙のルール

不思議な話ですが，集団の中には，その集団の中でしか通用しない，「暗黙のルール」ができあがることがあります。たとえば，子供が遊びから家に帰る時間です。学校の友だちや近所の友だちどうしで楽しく遊んでいても，決まった時間になると，だれが言いだすわけでもないのに，みな自分の家に帰ろうとします。

これは，「同調」とよばれる現象です。同調とは，まわりの人たちの行動や考えをよいもののようだと受け入れて，本来の自分の行動や考えを，まわりの人たちと同じように合わせる現象です。

人は，同調の圧力を受けやすい

同調を調べるために行われた，エスカレーターを使った実験があります（右ページのイラスト）。関西地方でエスカレーターに乗るときは，歩いて移動したい人が左側，止まったまま移動したい人が右側という暗黙のルールがあります。サクラが暗黙のルールに反して左側に乗って止まったまま移動すると，左側に乗って止まったまま移動する人の割合が多くなりました。サクラへの同調がみられたのです。

注：エスカレーターでの歩行は危険なので，本来行うべきではありません。

暗黙のルールを破ると…

大阪で，エスカレーターの左側は歩いて移動したい人が乗るという，関西地方の暗黙のルールを破る実験をしました。左側に止まったままの人がいると，つられて左側で止まる人がふえました。

関西地方の暗黙のルール

左側：歩いて移動したい人
右側：止まったまま移動したい人

サクラが左側に乗って止まったまま移動すると？

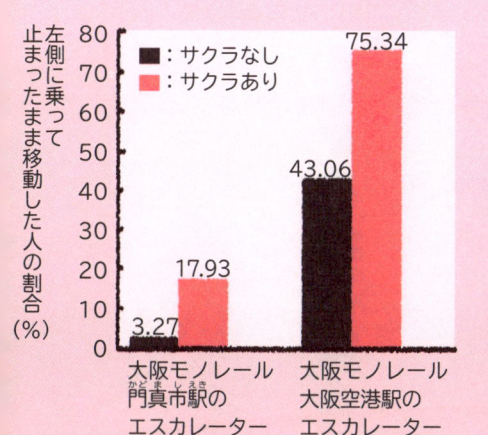

左側に乗って
歩いて移動
する人たち

右側に乗って
止まったまま
移動する人たち

左側に乗って
止まったまま移動
するサクラ

サクラにつられて，
左側に乗って
止まったまま移動
する人たち

左側に乗って止まったまま移動した人の割合
(%)

■：サクラなし
■：サクラあり

80
70
60
50
40
30
20
10
0

3.27　17.93　43.06　75.34

大阪モノレール
門真市駅の
エスカレーター

大阪モノレール
大阪空港駅の
エスカレーター

関西で右側に並ぶのはなぜ？

　日本ではエスカレーターに乗るときに，止まったまま移動したい人が片側に並んで乗るという習慣が広まっています。しかも，関西では右側に並び，関東では左側に並ぶのが暗黙のルールとなっています。なぜなのでしょうか。

　大阪で「右並び」がはじまったのは，1967年といわれています。阪急梅田駅にエスカレーターができた際，急ぐ人のために左側を空けるようにアナウンスがされました。さらに1970年の大阪万博で，当時の国際的な標準だった右並びが浸透したようです。一方で東京の「左並び」は，自然発生といわれています。東京の左並びはほかの地域にも広く伝わったため，全国的に左並びが標準である地域が多いようです。

　なお，阪急梅田駅のアナウンスは，体の不自由な人への配慮などから，1998年に終了しました。最近では多くの鉄道会社が，エスカレーターでの歩行をしないように求めるアナウンスをしています。

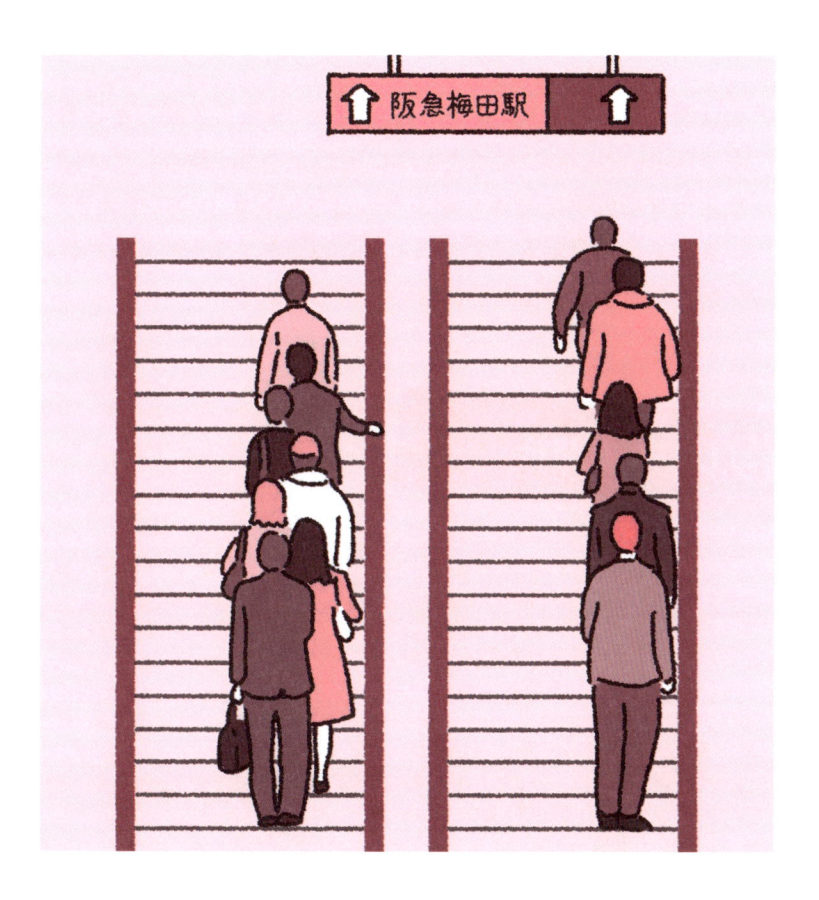

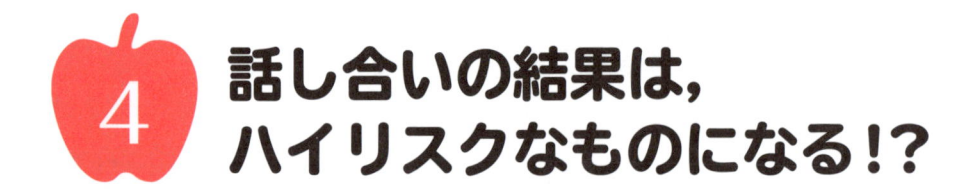

4 話し合いの結果は, ハイリスクなものになる!?

話し合いをしたほうが, 公平に決められる？

　物事を決断する場合，1人で決めるよりも，複数の人間で話し合いをしたほうがよいといわれたことはないでしょうか。確かにそのほうが，かたよらずに公平に物事を決めることができるように思えます。しかし，集団で話し合って決断するときには，1人で決断するときには生じなかった危険がともなうと考えられています。

選択肢ジレンマ質問紙

　ワラックが開発した「選択肢ジレンマ質問紙」です。「報酬は高いが危険も高い」「報酬は低いが危険も低い」という二つの選択肢を選ぶ質問で，1人の決断と集団の決断をくらべます。

1	電気技師が，平凡だが適当な給料をかせげる今の仕事をつづけるか，それとも今よりかせげるが長期的な安定が保証されない新しい仕事につくか。
2	心臓病患者が，成功すれば完治するが失敗すれば死ぬ危険のある手術を受けるか，それとも手術せず生活態度をきびしく節制するか。
3	平均的な財産をもつ人が，相続したいくらかの遺産を低い配当の優良株に投資するか，それとも大きな利益がみこめるが危険をともなう株に投資するか。
4	ライバル校とのフットボールの試合の最終プレイで，主将が同点をねらうほぼ確実なプレイを選ぶか，それとも成功すれば逆転勝ちになるが失敗すれば絶対に敗北するプレイを選ぶか。
5	事業の拡大をめざすアメリカの企業の社長が，投資収益がふつうの国内に新しい工場を建設するか，それとも収益はとても大きいが政情が不安定な外国に建設するか。
6	大学院で化学を専攻したい大学4年生が，非常にきびしく少数の院生しか博士号をとれない有名大学に進学するか，それとも有名ではないが院生のほとんどが博士号をとれる大学に進学するか。

壁を打ち破る力を生むこともある

その一つが,「リスキーシフト」とよばれるものです。**これは,集団で話し合って決断すると,1人で決断するよりも,「報酬は高いが危険も高い選択肢」を選択しやすくなるという現象です。**アメリカの心理学者のマイケル・ワラックが1961年に開発した「選択肢ジレンマ質問紙(CDQ)」(下の表)を使った研究で,1人で決断するよりも話し合って決断するほうが,危険の高い選択肢を選ぶ傾向にあったのです。

ただしリスキーシフトは,危険な決断を生みだす傾向がある反面,大きな壁を打ち破る力を生むこともあります。1人でする決断と集団でする決断のどちらがいいとは,一概にはいえないでしょう。

みんなで話し合うと,自分1人ではやらないことにも挑戦してみようと思うんじゃないかしら。

7	全米チェス選手権で,ランクの低い選手が1回戦でトップシードの選手と対戦しているときに,妙策がひらめいた。うまくいけば勝利するが失敗すれば確実に負けるその手を,使うかどうか。
8	かなり音楽的な才能のある学生が,医学部に進学して将来が安定した進路をとるか,それともピアニストになるという将来の安定が保証されない進路をとるか。
9	戦争中の兵士の捕虜が,もしつかまれば処刑される危険な脱出を試みるか,それともこのまま非常に苦しい収容所にとどまるか。
10	市民としての責任を強く感じている成功した実業家が,運動資金が限られている少数党の公認候補として,立候補するかどうか。
11	物理学者が,大学での5年雇用契約のはじめに,確実に解決できるがあまり重要でない,短期間で成果の出る問題を研究するか,それとも非常に重要だが非常に困難で,5年間では何も成果が出ないかもしれない研究をするか。
12	最近ある重大な意見の相違に気づいた婚約者どうしが,結婚するかどうか。幸福な結婚は一時的には可能だが,一生の幸せを約束することはできないと結婚カウンセラーにいわれている。

(出典:『社会心理学』白樫三四郎, 外山みどり/編著, 八千代出版, 2003年発行を一部改変)

5 みんなで作業をすると，手を抜きたくなる

協同で作業を行うときは，努力の量が小さくなる

　重い荷物を複数の人で持ち上げて運ぶとき，自分ひとりくらい力を抜いても何とかなるだろうと考え，力を抜いてしまった経験はないでしょうか。これは，「社会的手抜き」とよばれる心理です。社会的手抜きは，他人と協同で作業を行うとき，単独で作業を行うときよりも，1人の出す努力の量を小さくさせます。作業にかかる人数が多いほど，

1人の作業はがんばる

　9人につり革を引いてもらい，張力を測定しました。1回目と12回目だけ個人の張力を記録し，ほかは全体の張力を記録すると伝えたところ，1回目と12回目の張力が高くなりました。

努力の量に差が出ることもわかっています。このような社会的手抜きは，集団で仕事をするときに，仕事の効率をさまたげるおそれがあります。

貢献度がはっきりわかるシステムを

　社会的手抜きを防ぐためには，ひとりひとりの貢献度がはっきりわかるようなシステムをつくる必要があると考えられています。また，集団全体の現状の成果をリアルタイムで知らせることも，効果があるとみられています。**作業をする仲間どうしで信頼関係を築ければ，自分だけががんばって損をしているのではないかという不安がなくなり，協同作業のよい面を引きだすことができるのです。**

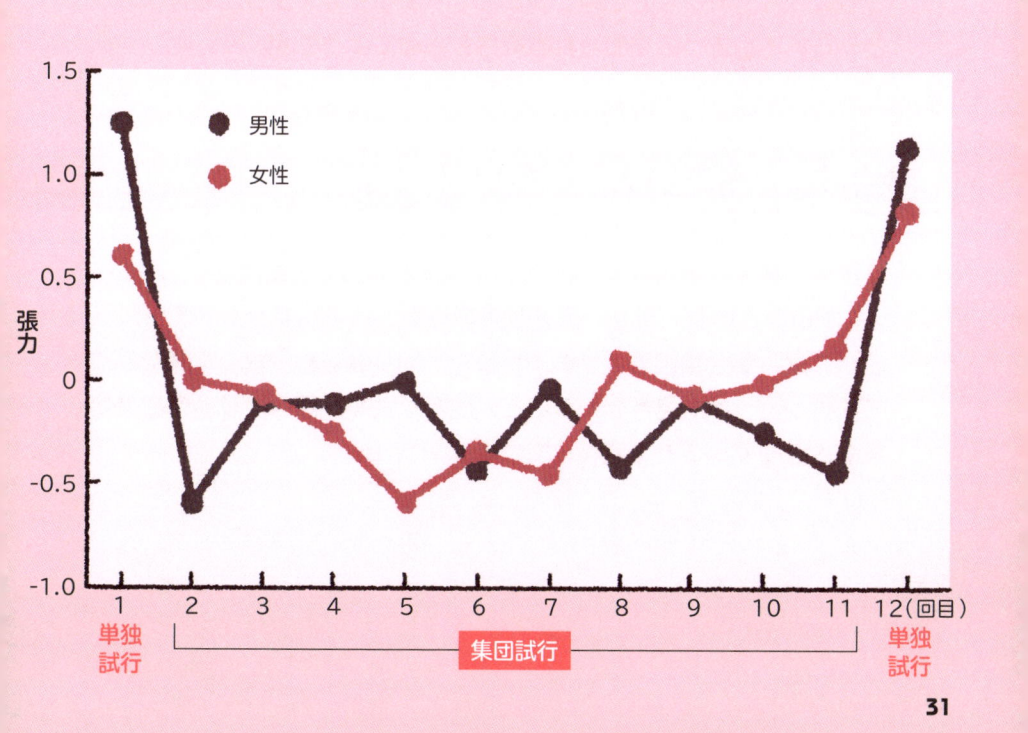

6 都会の人ほど，見て見ぬふりをする

自分ひとりくらい……という気持ち

人ごみの中で，泣いている子がいるのに，つい，声をかけずに通りすぎてしまったという経験はないでしょうか。これは，「傍観者効果」とよばれる心理です。

傍観者効果は，社会的手抜きのように，「まわりにも人がいるから自分ひとりくらい助けなくても何とかなるだろう」という気持ちからおきます。また，手助けをしないまわりの人の行動が，その場では適切なもののようだと受け入れてしまうことも原因の一つです（同調）。さらに，困っている人を助けることで，まわりの人から加害者なのかとみられてしまうのをおそれる気持ちもあるようです。

都会は，"冷たい人"が多い？

よく，都会は田舎よりも，困っている人を見ても助けない"冷たい人"が多いといわれます。アメリカの心理学者のロバート・チャルディーニは，都会は田舎よりも人が多く，知り合いも少なく，騒々しくて事件かどうかを見きわめることが困難なため，田舎よりも傍観者効果がおきやすいことを発表しています。

誰かが助けるだろう

人混みで泣いている子どもに対して，見て見ぬふり
をしてしまう背景には，誰かが助けるだろうという
心理がはたらいているといいます。

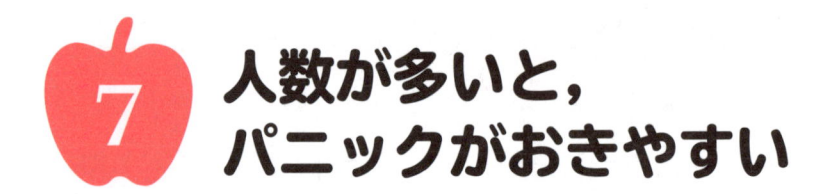

7 人数が多いと、パニックがおきやすい

混雑状態で攻撃するか，譲歩するか

　緊急事態における集団のパニック行動を調べるための，脱出シミュレーションゲームがあります（右ページのイラスト）。**前進，攻撃，譲歩の三つのボタンをあやつりながら，限られた制限時間内に出口から脱出するゲームです。**複数の人が同時に前進ボタンを押すと，混雑状態となってだれも前に進めなくなります。そこで，他者を攻撃して前進するか，自分がうしろに下がって（譲歩して），他者のあとから前進するかを選択します。

報酬がもらえないのではないかというあせり

　実験結果をみると，集団の人数の増加にともなって，全員脱出の成功率が低下しました。ゲームの中では，制限時間がせまるほど譲歩が減り，攻撃がふえました。

　人は，順番を待てば報酬が得られると思うからこそ，理性的な行動がとれるといいます。**しかし，そこに割りこみ（攻撃）がおきると，このまま順番を待っていたら自分は報酬をもらえないのではないかとあせり，割りこみをします。**こうしてますます人々の中にあせりが生じ，パニックがおきるのだと考えられています。

脱出シミュレーションゲーム

制限時間内に集団で出口から脱出するゲームをしたところ,
人数がふえるほど, 全員脱出の成功確率が低くなりました。

脱出シミュレーションゲーム。
制限時間内に出口から脱出せよ!

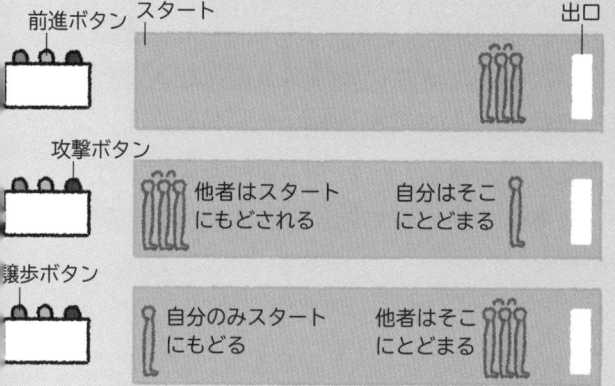

被験者の分身
画面
出口
被験者
ボタン

「前進ボタン」を100回押すと,
脱出成功です。しかし, 複数の人
が前進ボタンを同時に押すと, 全
員のカウンター(前進ボタンを押
した回数)が止まり, だれも前進
できなくなります。

「攻撃ボタン」を押すと, 押した
人はその場にとどまり, 押した人
以外はスタートにもどされてカウ
ンターがゼロになります。自分も
他者も, 前進が可能になります。

「譲歩ボタン」を押すと, 押した
人のみスタートにもどってカウン
ターがゼロになります。自分も他
者も, 前進が可能になります。

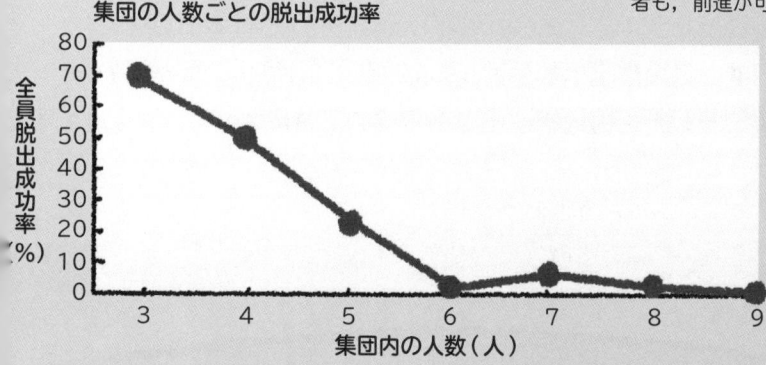

前進ボタン　スタート　　　　　　　　　　　　　出口

攻撃ボタン

他者はスタート
にもどされる

自分はそこ
にとどまる

譲歩ボタン

自分のみスタート
にもどる

他者はそこ
にとどまる

集団の人数ごとの脱出成功率

全員脱出成功率(%)

集団内の人数(人)

10月30日は，ニュースパニックデー

　1938年10月30日午後8時，アメリカのラジオ局のCBSで，1時間のラジオドラマが放送されました。**それは，イギリスの小説家のハーバート・ジョージ・ウェルズ（1866 ～ 1946年）が書いた『宇宙戦争』を原作とする，火星人が地球に侵略してくるSFドラマでした。**

　このドラマの前半は，実況中継のような台本でした。**放送があまりにも真に迫ったものだったため，本当に火星人が地球に侵略してきたと信じこむ人が続出しました。**荷物をまとめて避難しようとする人，泣きながら祈りつづける人などがいたと報告されています。同時に新聞社やラジオ局，警察署に問い合わせの電話が殺到しました。

　放送の合間に，「これは物語です」というアナウンスが2回流れました。しかし，多くの人には伝わりませんでした。放送後の調査によると，およそ120万人の人が恐怖におびえたそうです。**この出来事を受けて，10月30日は，「ニュースパニックデー」や「宇宙戦争の日」とよばれています。**

3. 思いこみの心理学

うわさや先入観をもとに物事を判断してしまった経験は，だれしもあることでしょう。第3章では，思いこみがおきるときの心理について紹介します。

1 やっかいなお願いを、引き受けてもらうワザ

簡単なアンケートが目的？

「お時間はとらせませんので，簡単なアンケートに答えていただきたいのですが」。このような依頼を，電話や道端でされたことはないでしょうか。実は，アンケートに答えたそのあとに，どこそこへ来て話を聞いてほしいといった，「やっかいな依頼」が待っていることがあります。これは，悪徳商法の手段であり，「フット・イン・ザ・ドア・テクニック（段階化テクニック）」とよばれるものです。

つい引き受けてしまう人の心理

フット・イン・ザ・ドア・テクニックは，急にもちかけられたらなかなか承諾しないようなやっかいな依頼でも，これくらいならと思えるような「ささいな依頼」を引き受けたあとでは，つい引き受けてしまう人の心理を利用したものです。事前にささいな依頼を引き受けたことで，他人を信じたり，人の依頼を引き受けたりする態度が前もって準備されるのだといいます。その結果，やっかいな依頼をも引き受けてしまうのだと考えられています。

段階化テクニックの例

　主婦に，家財道具の調査というやっかいな依頼を突然した場合，引き受けてくれたのは約22％でした。一方，アンケートというささいな依頼に応じてくれた主婦に，家財道具の調査を依頼すると，約53％が引き受けてくれたという調査結果があります。

家財調査の依頼
（やっかいな依頼）

消費生活の調査員を
名のる研究グループ

約22％が承諾

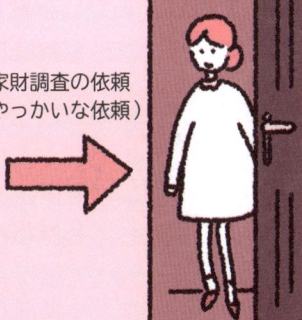

アンケートの依頼
（ささいな依頼）

家財調査の依頼
（やっかいな依頼）

消費生活の調査員を
名のる研究グループ

約53％が承諾

② 「閉店時間効果」が，悪徳商法のミソ

「今だけしかチャンスはない」といわれると

悪徳商法に使われる心理テクニックには，「閉店時刻効果」とよばれるものもあります。これは，ある対象にアプローチする時間が残り少なくなると，その対象がより魅力的に思えてくる効果です。「今だけしかチャンスはないんです」といわれると，より魅力的に思えてしまうのは，この心理効果によるものといわれます。

タイムサービスや期間限定商品も

1990年，アメリカの心理学者のブライアン・グラデューらが，ダンスバーで実験を行いました。彼らは男性と女性の客に，「今，店内にいる異性が全体的にどのくらい魅力的に感じられるか」とたずねてまわりました。客数はおよそ200人であり，回答した人数は217人でした。この実験は3か月間行われました。その結果，閉店時刻が近づくにつれ，異性が魅力的にみえてくる傾向は，男女ともにあったといいます。

閉店時刻効果は，スーパーなどのタイムサービスや，期間限定商品の効果としても使われています。

思わず買いたくなる

「今だけ3割引」のようにいわれると，買う予定のなかったものでも，思わず買いたくなってしまうのではないでしょうか。これも，閉店時間効果と同じ心理がはたらいているといいます。

閉店間際の"あの曲"

お店で閉店時間が近づくと，きまって流れる曲があります。あの曲を聞くと，「もう帰らなくちゃ」という気持ちになりますよね。あの曲の名前を，『蛍の光』と記憶している人も多いのではないでしょうか。実はお店で流れているのは，『蛍の光』ではなく，『別れのワルツ』という曲です。

『蛍の光』は，スコットランドの民謡『オールド・ラング・サイン』が原曲です。もともとは，旧友との再会を喜ぶ歌でした。それが日本で独自の歌詞をつけられて，『蛍の光』となったのです。海軍学校の卒業式で歌われたことから，「卒業式の歌」「別れの歌」というイメージが確立されました。

一方，『別れのワルツ』は，『オールド・ラング・サイン』を3拍子にアレンジした曲です。日本で1949年に公開された『哀愁』というアメリカ映画の中で流れていた曲が，日本で『別れのワルツ』とよばれる曲になりました。その後『別れのワルツ』は，有線放送などで流されるようになり，閉店時間が近づくと流される曲となっていったのです。

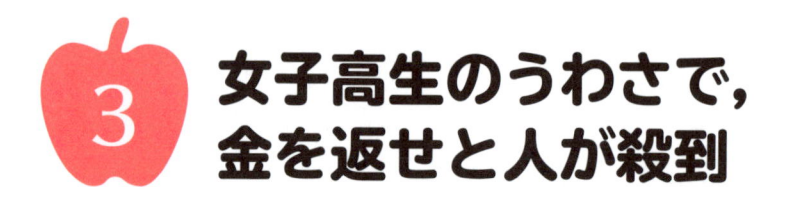

3 女子高生のうわさで，金を返せと人が殺到

「あの信用金庫は危ないらしい」

集団が，一度にだまされてしまうこともあります。その典型的なものが，事実ではない情報である「うわさ」が流れるときです。

たとえば，1973年に愛知県のとある信用金庫でおきた騒動があります。この騒動は，「あの信用金庫は危ないらしい」という，地元の女子高生のたわいないうわさ話からはじまりました。**うわさが人づてに広まり，後日この信用金庫の窓口に，預金をおろそうとする人々がつめかけました。**

重要であいまいな情報ほど，広まりやすい

アメリカの心理学者のゴードン・オルポートたちは，流言の広がりやすさを，「$R \sim i \times a$」という式にあらわしました。Rは流言の広がりやすさ，iは情報の重要さ，aは情報に対する証拠のあいまいさ，〜は比例を意味しています。iとaが大きければ大きいほど，Rも大きくなります。

信用金庫の騒動がおきた地域では，数年前に金融機関が破綻していました。情報に対する証拠のあいまいさ（a）が大きかった（信用金庫は安全だという確信がもてなかった）と考えられています。

うわさ話が人づてに

女子高生の「あの信用金庫は危ないらしい」といううわさ話が，人づてに広まりました。後日，預金をおろそうとする人々が窓口につめかけ，大混乱となりました。

4 自分の記憶への疑いが，ウソの自白を生みだす

自分は犯人かもしれないと自分を疑う

　冤罪は，犯行を実際には犯していない容疑者が，罪を認めるうその自白をしたためにおきるケースが多いといいます。**取り調べの最中に，ひょっとしたら自分は犯人かもしれないと自分を疑ってしてしまううその自白を，「強制―自己同化型」とよびます。**

なぜ自分がやったのかもしれないと考えるのか

　犯行を犯していないことは，本来自分自身が一番よく知っているはずです。ではなぜ，自分がやってしまったのかもしれないと考えてしまうのでしょう。

　イギリスの法心理学者のギスリー・グッドジョンソンは，強制―自己同化型の自白をつくりだす取り調べの要素を，いくつかあげています。その中に，二つのポイントがあります。**一つは，容疑者の記憶がたよりにならないことを納得させる取り調べです。**容疑者は，自分の記憶力に不信感をもつようになります。**もう一つは，物的証拠を提示する取り調べです。**人は，警察がまちがえるはずはないし，うそをいうはずがないと考える傾向にあるようです。容疑者は，物的証拠が何よりの動かぬ証拠ととらえてしまうのです。

問いつめられて自分を疑う

強制─自己同化型の自白を確かめる実験です。パソコンの
ALTキーを打ったかどうかというあいまいな記憶について問い
つめられると，28％の人が，自分を疑うようになりました。

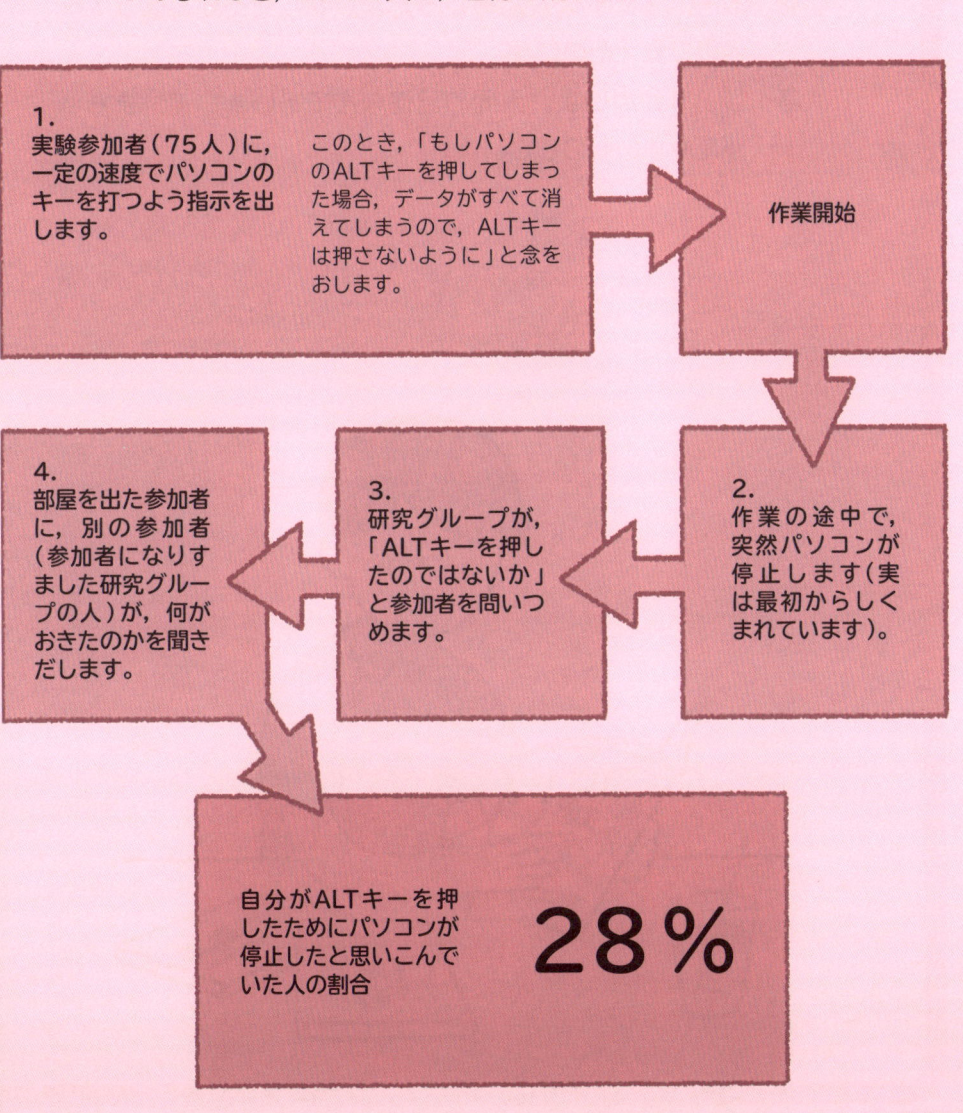

1.
実験参加者（75人）に，一定の速度でパソコンのキーを打つよう指示を出します。

このとき，「もしパソコンのALTキーを押してしまった場合，データがすべて消えてしまうので，ALTキーは押さないように」と念をおします。

作業開始

2.
作業の途中で，突然パソコンが停止します（実は最初からしくまれています）。

3.
研究グループが，「ALTキーを押したのではないか」と参加者を問いつめます。

4.
部屋を出た参加者に，別の参加者（参加者になりすました研究グループの人）が，何がおきたのかを聞きだします。

自分がALTキーを押したためにパソコンが停止したと思いこんでいた人の割合

28％

記憶のエラーを実感

　高校生の小林君と大島君が，何やら話をしています。

小林：あー，またテストだめだったよ。せっかくがんばって徹夜で覚えたのにな。

大島：しょうがないよ。人間の記憶なんてあいまいで，まちがえやすいものらしいよ。

小林：そんなことはない。俺はちゃんと覚えてたんだけど，たまたま思いだせなかったんだ。

大島：じゃあちょっと実験してみる？　まずは，30秒でこの15個の単語を覚えてみて。全部じゃなくてもいいよ。

小林：いいや，全部覚えてやる！

Q1

下のイラストに，15個の単語が書かれています。これらを30秒ほどで，どれだけ覚えられるでしょうか。30秒ほどたったら，ページをめくって52ページに進んでください。一度進んだら，戻らないようにしましょう。

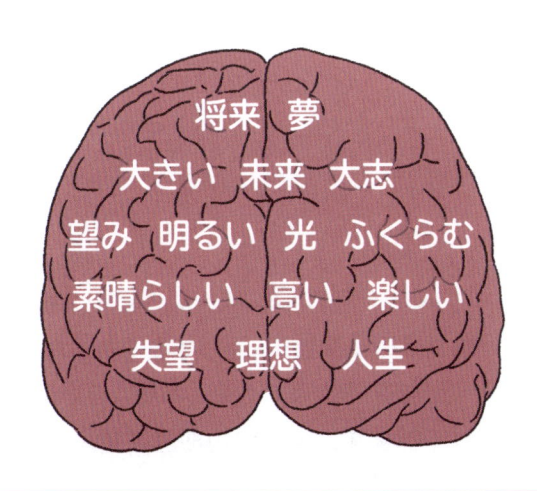

何があった？

Q2　15個の単語の中に，「夢」や「光」，「希望」はあったでしょうか。よく考えてから，下の解説を読んでください。

A　15個の単語の中には，「夢」や「光」はありましたが，「希望」は含まれていませんでした。

　「希望」はあったはずだと感じた人も多いのではないでしょうか。記憶の誤りをおこす理由は，15個の単語が「希望」と連想関係にあり，単語を覚えるときに「希望」を思い浮かべるからだと考えられています。人間が短期的に覚えられる単語は，

一般的に7個前後です。覚えようとした15個すべての単語を思いだせないため，覚えるときに思い浮かべた「希望」を，見たものとしてまちがえやすくなるのだといわれています。

小林：人間の記憶がたよりないなら，勉強しても意味ないんじゃないの？

大島：いやいや，これは短期の記憶の話だから。ただ勉強したくないだけだろ！

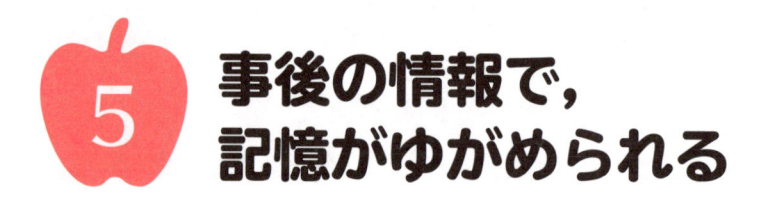

事後の情報で，記憶がゆがめられる

「目撃証言」は，正確ではない

　記憶の誤りやすさは，現実社会でも深刻な問題となっています。**たとえば記憶にもとづく「目撃証言」は，一般に思われているほど正確ではありません。**アメリカでは，のちのDNA鑑定によって冤罪だったと判明した300名の裁判のうち，少なくとも約75％において，事実とはことなる目撃証言が有罪の根拠だったという報告があります。

事後の情報が記憶に影響をあたえる

　1978年に，アメリカの心理学者のエリザベス・ロフタス博士らによって，事後の情報が記憶にあたえる影響について実験が行われました（右ページのイラスト）。まず，実験の参加者は，交通事故を描写した一連のスライドを見ます。次に，スライドの内容について質問を受けます。そして20分後に，見たスライドに写っていたのは停止標識か，徐行標識かを選びます。

　この実験で，「見たスライド内の標識」と「質問で言及された標識」が一致していた場合の正答率は75％だったのに対して，一致していなかった場合の正答率は41％でした。**実際に見たものとは矛盾した情報を事後に聞いたことで，正答率が半分近くになったのです。**

事後の情報で正答率が変化

ロフタス博士らの実験の流れをえがきました。博士らは，記憶が事後の情報によって上書きされると考えました。しかし近年は，思いだす際に混同されるという考えが有力です。

停止標識

1

実験の参加者は，アメリカのワシントン大学の学生195名でした。参加者は，交通事故を描写した一連の30枚のスライドを，1枚あたり約3秒ずつ見ます。左は，スライドのうちの1枚のイメージです。

　参加者の約半数は，「停止標識」が写ったスライドを見ます。一方，残りの約半数は，「徐行標識」が写ったスライドを見ます。

車が徐行標識のある交差点で止まったとき，ほかの車は通りすぎましたか？

2

スライドの内容について，20個の質問に回答します。そのうち1問では，約半数の参加者が誤った内容（スライドに写っていた標識と一致しない標識）を含む質問をされます。残りの約半数は正しい内容（スライドに写っていた標識と一致した標識）を含む質問をされます。

20分後

止まれ STOP

徐行 SLOW

3

20分後，「最初に見たスライドは停止標識が写っているものと徐行標識が写っているもののどちらだったか」を含む15の質問に答えます。2択なので，ランダムに回答した場合の正答率は50％です。

　結果は，スライドに写っていた標識と質問の標識が一致していた場合の正答率は75％，一致していない場合の正答率は41％でした。

6 顔の特徴を，言葉で覚えてはいけない

特徴を言葉で補足すると，覚えやすい？

　顔を記憶するとき，脳の中では，目や鼻などの位置関係を全体的に覚える処理と，目や鼻の形などの特徴を覚える処理が行われると考えられています。さらに言葉で補足すれば，より覚えやすい気もします。ところが1990年にアメリカで報告された実験結果は，逆でした。

　この実験の参加者は，強盗が登場する動画を見たあとで，顔を思い

顔を特徴を言語化すると…

左ページの顔について，全体を認識する処理のイメージと，個々の特徴を言語化するイメージを右ページにえがきました。言語化すると，元の顔は思いだしにくくなります。

「顔が覚えられない」という人は，性格や職業などの情報と関連づけて覚えてみるリス。

だして特徴を言葉で列挙します。すると，あとで強盗の顔を8枚の写真から正しく識別できた人は38％で，言葉で列挙しなかった場合の64％にくらべて低かったのです。これを，「言語陰蔽効果（げんごいんぺいこうか）」といいます。

顔の記憶には，事後の情報も影響する

顔の記憶には，「事後情報効果」も影響します。2013年，アメリカの軍人800人以上を参加者として，苦痛をともなう尋問に耐える訓練の一環で行われた実験結果が報告されました。参加者の一部は尋問後に，実際の尋問者とはちがう人物の顔写真を数分間，見せられました。**すると，その後，尋問者を含まない9択の顔写真から尋問者を選ぶテスト（正解は「いない」）で，誤りやすくなりました。**

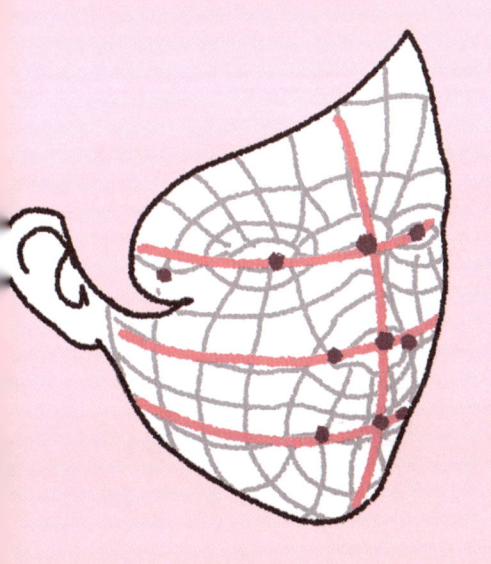

顔全体を認識する処理のイメージ
ピンク色の線は，顔のバランスをとらえて絵にする際に書き入れる線のイメージです。赤色の球は，目と鼻の位置関係や，口の位置や形などをとらえるポイントとなる場所の例です。

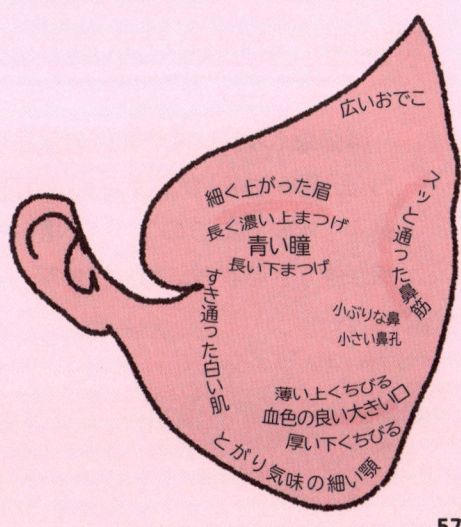

顔の個々の特徴を言語化するイメージ
個々の特徴を言葉にして，対応する場所に配置しています。通常，顔を覚える場合，個々の特徴にも注目してはいますが，全体を認識する処理が優先されると考えられています。

広いおでこ
細く上がった眉
長く濃い上まつげ
青い瞳
長い下まつげ
スッと通った鼻筋
小ぶりな鼻
小さい鼻孔
すき通った白い肌
薄い上くちびる
血色の良い大きい口
厚い下くちびる
とがり気味の細い顎

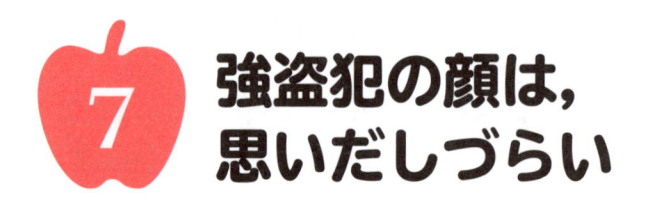

7 強盗犯の顔は、思いだしづらい

凶器に強く注意が向く

突発的に出くわす強盗事件のような出来事では，おどろきや恐怖の感情が呼びおこされます。そのような状況では，「凶器注目効果（トンネル視）」とよばれる現象がおきます。**この現象は，凶器に強く注意が向く一方で，犯人の顔や，服装などの背景情報は知覚されにくくなり，ひいては記憶されにくくなるというものです。**

凶器に注目してしまうしくみとして，二つの説が有力です。一つは，おどろきや恐怖が，視覚的な注意の範囲をせばめるというものです。もう一つは，通常はありえない状況であるため，視覚的な注意が凶器に引きつけられるというものです。たとえば，普段は台所にある包丁が寝室にあると，注意が包丁に引きつけられてしまいます。

緊張感には最適な水準がある

緊張感（ストレスや覚醒の度合い）が強すぎても弱すぎても，記憶力（記憶の効率）が下がるという関係も知られています。緊張感には，最適な水準があるのです。凶器注目効果や57ページの尋問は，緊張感が強すぎる状態に相当します。

思わず拳銃に注目

ふいに拳銃を突きつけられると，拳銃に意識が集中してしまうのが人間の心理だといいます。そのため，犯人の顔をはっきりと覚えていないということがあるのです。

8 鮮明な記憶も，偽りの記憶かもしれない

記録とことなることを，鮮明に覚えている

　　世界的な重大事件は，いやがおうにも記憶に残ります。長い時間が経ってからも，そのとき，どこで，だれと，何をしていたかなどについても，鮮明に思いだせることがわかっています。この記憶現象は，「フラッシュバルブ・メモリー（閃光記憶）」とよばれます。

　　しかし，これらの記憶が鮮明だからといって，正確だとはかぎりません。大事件の直後に，実験参加者がどこで何をしていたかなどを聞いて記録しておき，たとえば1年後にふたたび質問すると，記録とことなることを鮮明に覚えていたという事例が報告されています。

「いつ」「どこで」には，注意が向けられていない

　　閃光記憶がゆがむのは，その後，何度も脳の「前頭前野」で想起され，再構成されることによると考えられています。元々，「いつ」「どこで」といった情報は，出来事が記憶されたときに，ほとんど注意が向けられていません。それでも強引に思いだそうとする結果，情報源（ソース）を頭の中で探る能力である，「ソースモニタリング」のエラーがおきるのだといいます。

別の記憶が思いだされる

アメリカ同時多発テロのときの記憶が，誤って思いだされるイメージです。実際は立ち話中だったにもかかわらず，買い物や電話などの事実とはことなる記憶が思いだされ，再構成されます。

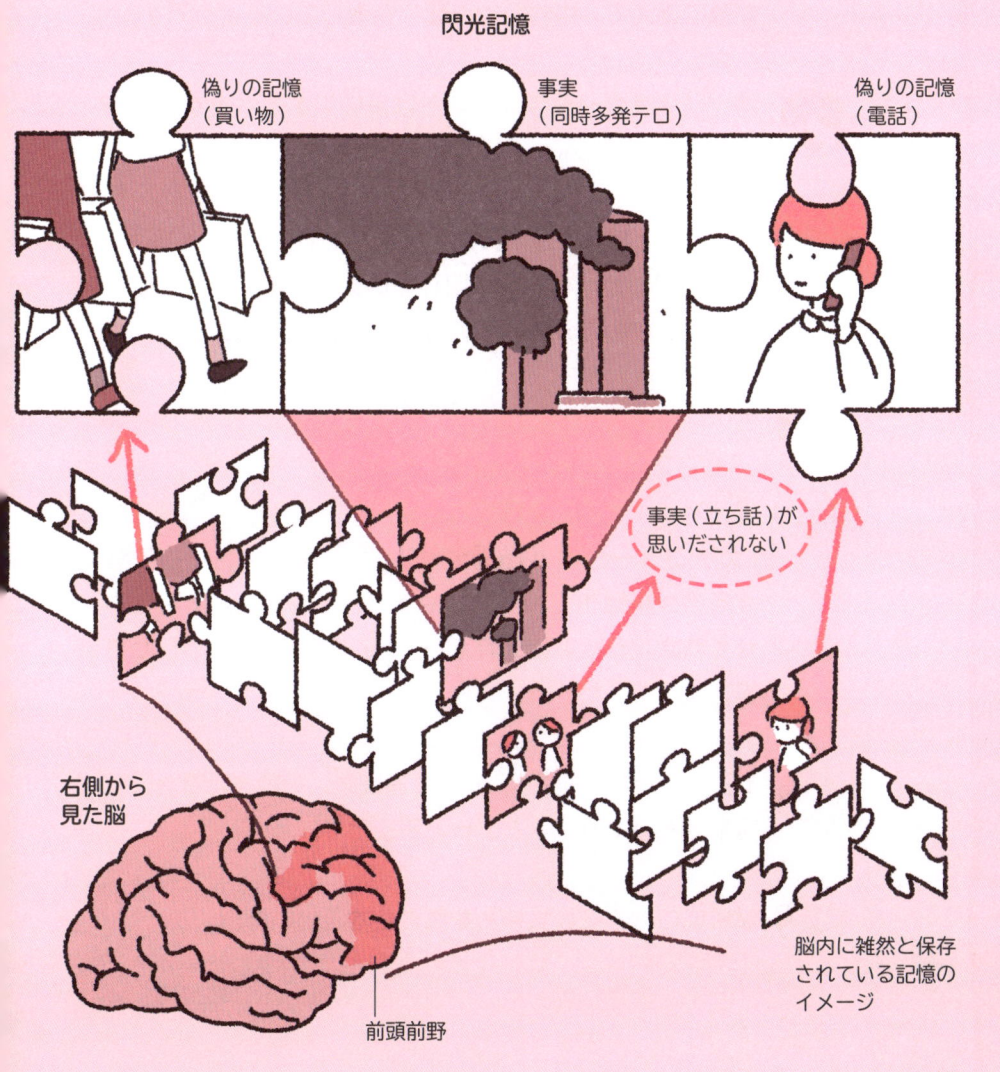

閃光記憶

偽りの記憶
（買い物）

事実
（同時多発テロ）

偽りの記憶
（電話）

事実（立ち話）が
思いだされない

右側から
見た脳

前頭前野

脳内に雑然と保存
されている記憶の
イメージ

心理学的に効果的な記憶術とは？

試験に備えて，中村君は必死で勉強しているようです。

 博士，今度の心理学のテストは良い点をとりますよ！
昨日も6時間，ぶっ通しで勉強しました。

 うぉっほっほ。心理学の勉強は進んでおらんようじゃな。
同じ時間をかけても，休憩しない集中学習よりも，休憩
を入れながらの分散学習の方が効率がいいんじゃ。

 あ……。

 覚えやすくする工夫は忘れとらんじゃろうな。「精緻化」
「カテゴリー分け」「階層分け」じゃ。情報を付加して覚
えるのが精緻化で，暗記しやすくなるんじゃ。語呂合わ
せも精緻化じゃな。それから，「忘却曲線」を考慮した復
習方法もあったぞ。

 1日後，その1週間後，その2週間後，その4週間後に復
習するといい……。ちょっと不安だな。

 試験前に，不安な気持ちを書きだすといいぞ。

デジャブはなぜおきる？

はじめての体験なのに，「あ，昔ここに来たことがある」「前に同じようなことをやったことがある」と感じることを，「デジャブ（既視感）」といいます。なぜこの現象がおきるのでしょうか。

たとえば私たちがある場所を訪れたとき，記憶の中にあるよく似た景色が呼びおこされます。その経験が今の目の前の景色に似ていれば似ているほど，「この景色，見たことがある」と強く感じます。**ポイントは，「でも，私がここに来るのははじめてだ」という確信があることです。**これが，デジャブのおきるメカニズムだと考えられています。

デジャブはすべての人が経験するわけではなく，経験したことがあるのは3分の2ほどの人だといわれています。また，その不思議な感覚ゆえに，「デジャブは前世の記憶である」などと，オカルト的で現実ばなれした意味をあたえる人もいるようです。

4.「損」と「得」の 心理学

人は，物事を決断するときなどに，損や得を考えてしまうことがあります。第4章では，損得にまつわる心理を，具体例をあげながら紹介します。

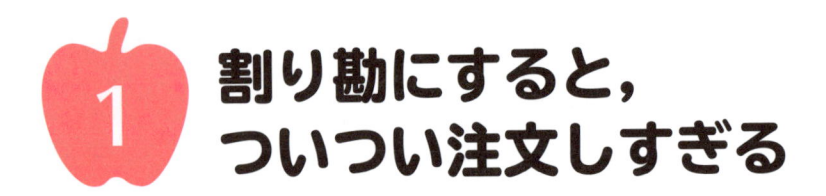

割り勘にすると，ついつい注文しすぎる

「どうせ今日は割り勘なのだから」

　大勢で食事に行く場合，全員分の飲食代を割り勘ですませることがあるのではないでしょうか。

　あらかじめ，「今日は割り勘ですよ」と知らされていると，ついこんなことを考えてしまいませんか。「どうせ今日は割り勘なのだから，いつもはためらってしまう高い料理を注文してしまおう」。

自分の利益を考えて，自分たちに損をさせる

　実はこの心理は，割り勘にひそむ落とし穴なのです。おそらく食事に行った全員が，あなたと同じことを考えるでしょう。その結果，全員分の飲食代は大きくふくれ上がってしまい，1人あたりが支払う金額はやはり高くなります。ひとりひとりが自分の利益を考えてとった行動が，結局自分たちに損をさせているのです。これを，「割り勘のジレンマ」といいます。

　同じような問題は，世の中のさまざまなところでおきます。たとえば，水不足にそなえて，国民ひとりひとりが少しでも多く水を確保しようと躍起になれば，水がほんとうに不足してしまうのです。これらの状況は，「社会的ジレンマ」とよばれています。

得するつもりが損!?

割り勘といわれると，高額のものをたのんで得をしようと考え
がちです。しかし，全員が同じように考えると総額が高くなり，
1人あたりが支払う金額もふえてしまいます。

2 「得」よりも「損」の衝撃が大きい

確実なもうけか，賭けにいどむか

　右のイラストは，確実なもうけをとるか賭けにいどむか，どちらかを選ぶ実験です。実は質問1と質問2は，もらう金額と確率は同じです。聞き方がちがうだけで，どちらを選ぶ人が多いかがかわってしまったのです。このような実験結果が出るのは，私たちが損をしたときと得をしたときで，感じ方がちがうからだと考えられています。

失うときに感じる価値のほうが大きい

　アメリカの心理学者で行動経済学者のダニエル・カーネマンとエイモス・トベルスキーは，1979年に，「プロスペクト理論」を発表しました。この理論によると，同じものであっても，人にとっては得るときに感じる価値よりも，失うときに感じる価値のほうが大きくなります。そして何かが失われそうになると，それを失わずにすむ方法を選択する傾向があるといいます。この性質は，「損失回避性」とよばれます。

　実験の質問1では，確実に多くのお金をもらえるaを選ぶ人が多くなったと考えられます。質問2では，5000円を返すと損をするように感じる人が多く，bを選ぶ人が多くなったと考えられるのです。

堅実派？　冒険派？

　実験の結果，質問1では，さらに5000円をもらう（a）を選ぶ人が多くなりました。つづけて聞いた質問2では，50%の確率で1万円を返す賭けにいどむ（b）を選ぶ人が多くなりました。

質問1「どちらを選ぶ？」

はじめに，1万円もらえる。

a. さらに5000円をもらう。

b. 賭ける。1万円をもらえるか，もらえないか。

（50%）　　　（50%）

a を選ぶ人が多い

質問2「どちらを選ぶ？」

はじめに，2万円もらえる。

a. 5000円を返す。

b. 賭ける。1万円を返すか，返さずにすむか。

（50%）　　　（50%）

b を選ぶ人が多い

3 やせた自分より，目の前のケーキが魅力的

ダイエットを決心したのに，食べてしまう

こんな経験はないでしょうか。「毎日夕食後に食べるケーキを，ダイエットのためにやめようと決心したのに，次の日の夕食後に冷蔵庫にあるケーキを見て食べてしまった」。

私たちはなぜ，目の前の誘惑に弱いのでしょうか。これは，ダイエットを決心したときには，将来のやせた自分のほうが価値が高かったのに，ケーキを目の前にするとケーキの価値のほうが高くなってしまうためだといいます。決心したときも，ケーキを目の前にしたときも，その時々で「価値が高いほうを選ぶ」という判断をしているのです。

なぜ目の前の誘惑に弱いのか

「今日ケーキを一つもらうか，明日ケーキを二つもらうか」という質問をして，選んでもらう実験の結果も，同じように説明できます。この実験では，「今日ケーキを一つもらう」と答えた人のほうが多かったようです。ケーキが目の前にあると，たとえ一つであっても，明日の二つよりも価値が高くなる人が多くなるようです。このため，「今日ケーキを一つもらう」と答える人が多くなるのです。

心がわりは価値の変化

時間ごとの価値の変化を，グラフにしました。ダイエットを
しようと決心したときは，将来のやせた自分の価値が最優先
されます。しかし，ケーキを目の前にすると，ケーキの価値
に逆転され，心がわりしてしまうのです。

一度決心したことでも，
のちのち，気がわって
しまうのはなぜだろうか？

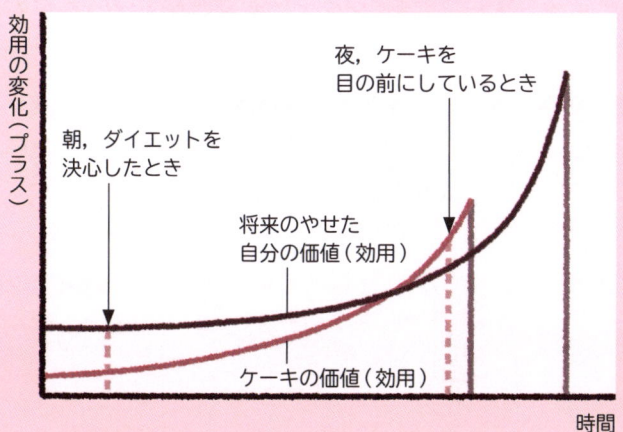

効用の変化（プラス）

夜，ケーキを
目の前にしているとき

朝，ダイエットを
決心したとき

将来のやせた
自分の価値（効用）

ケーキの価値（効用）

時間

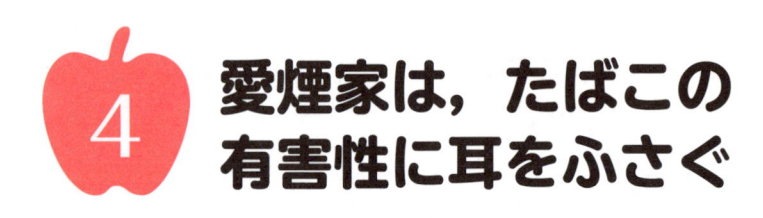

4 愛煙家は，たばこの有害性に耳をふさぐ

一貫性があると思いたいという，強い欲求

　甘いケーキは食べたいけれども，太りたくない。お酒は飲みたいけれども，明日の仕事にさしさわりがある——。このように矛盾した考えを同時にもつとき，私たちは，心理的な緊張感や不快感を覚えます。

　それぞれの物事に対する態度，考え，信念，意見などのことを，心理学では，「認知要素」とよびます。私たちには，この認知要素の関係が矛盾なく，できるだけ調和のとれたものになるように，態度や信念を調整しようとする傾向があります。それは，自分には一貫性があると思いたいという，だれもがもつ非常に強い欲求なのです。

不協和が生じた際の，さまざまな解消方法

　たとえば愛煙家なら，なるべく喫煙の有害性を示す情報には近づかないようにします。また，「喫煙者の中にも長寿な人はいる」「有害性を示すデータは信憑性が低い」などと認知要素をかえたり，「喫煙することで食欲がおさえられ，肥満を解消できる」「喫煙にはストレス解消という利点がある」などといった新たな認知要素を加えたりすることで，不協和の解消を試みます。

愛煙家の不協和の解消法

愛煙家は,「長寿な喫煙者」「データは信憑性が低い」
「肥満を解消できる」「ストレス解消」などと考えて,
認知要素の不協和の解消を試みます。

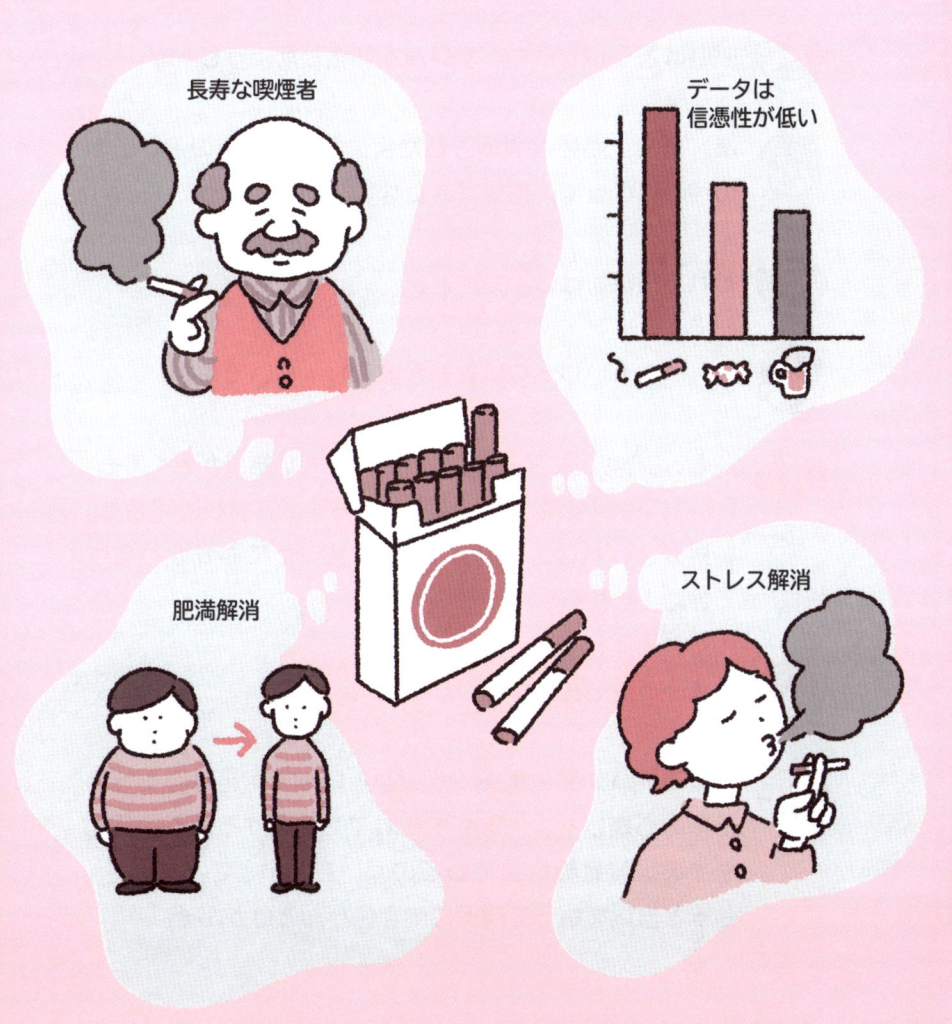

なぜテスト前に掃除を？

勉強にいそしんだ中村君。試験の手ごたえは……？

 試験はどうじゃった。ずいぶん勉強したようじゃが。

 あ，博士。勉強は順調でしたよ。ただ，最後の追いこみの段階になって，部屋がきたないのが気になって。

 それで掃除をはじめた，と。

 ええ。きれいじゃないと気が散るじゃないですか。

 ふむ。心理学的に実にわかりやすい。もし結果が悪くても，「掃除に時間を使ってしまったから」といいわけできる。結果がよければ，「掃除に時間を使ったにもかかわらずできた」と思える。

 ええーっ，そんなつもりじゃ……。

 セルフ・ハンディキャッピングといって，自尊心を守るための心理じゃ。失敗をおそれて，失敗するような行動をする。無意識にしているのが，こわいところじゃよ。もっと自信をもって現実に向き合わんといかんぞ。

精神分析の創始者 フロイト

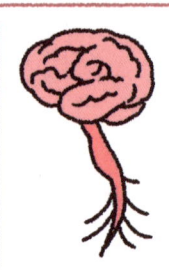

ウィーンの病院では、神経系の研究を行なっていた

ゲーテの自然に関する文章を読み、医師をめざす

1856年　フロイト、現在のチェコに生まれる

ウィーンで催眠療法をはじめる

パリに留学、ヒステリーの催眠療法に感動！

そして、無意識を発見！

催眠療法にかわる治療法として精神分析や夢の分析を行う

「コペルニクスの地動説」「ダーウィンの進化論」につづく、「第3の革命」と位置づけられた

フロイトの業績は、

最初の論文

学生時代、
ザリガニや

ウナギの解剖を
行なっていた
フロイト

はじめての論文は、
「雄ウナギの
精巣の位置について」
だった

それまで誰も
成しえていない、
世紀の発見だった！！

5. 年代別の心理学

人の心は，長い一生の中で，どのように変化していくのでしょうか。第5章では，年齢ごとにあらわれる，人の心の特徴についてみていきましょう。

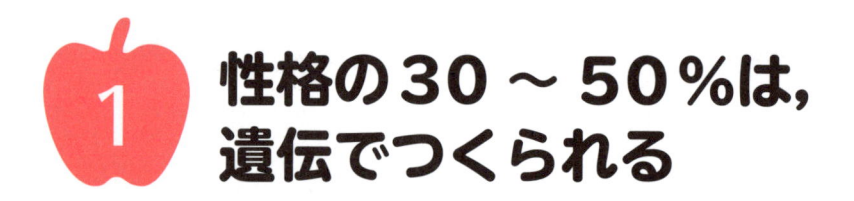

性格の30〜50％は，遺伝でつくられる

生まれながらに性格は決まっている？

あなたは，自分の性格が親や兄弟に似ているといわれたことはありませんか？　人間の性格はいつ，どのようにして決まるのでしょう。

性格をつくる要因については，昔からさまざまな説が唱えられてきました。**おおまかには，遺伝によって生まれながらに性格が決まっているという「生得説」と，生まれたあとに過ごす環境によって性格が形づくられるという「経験説」に分かれます。**

遺伝と環境の両方の影響を受ける

チャールズ・ダーウィン（1809〜1882年）が提唱した「進化論」の影響を受けて，19世紀末から20世紀はじめにかけては，生得説的な考え方が強く支持されました。しかし第二次世界大戦後には，経験説が優勢になりました。

現在では，性格は遺伝と環境の両方の影響を受けてつくられるという，「相互作用説」が広く受け入れられています。最近の研究では，性格のおよそ50％は遺伝的な要因で，残りのおよそ50％は環境的な要因でつくられるという考え方が有力です。

遺伝と環境の影響の割合

性格や知的能力が形づくられるうえで，環境と遺伝がそれぞれ
どのくらい影響しているかをあらわしたグラフです。双子の観察
から求められました。「共有環境」とは，双子の2人が同じように
経験した家庭などの環境のことです。「非共有環境」とは，双子の
2人がことなる経験をした学校や職場などの環境のことです。

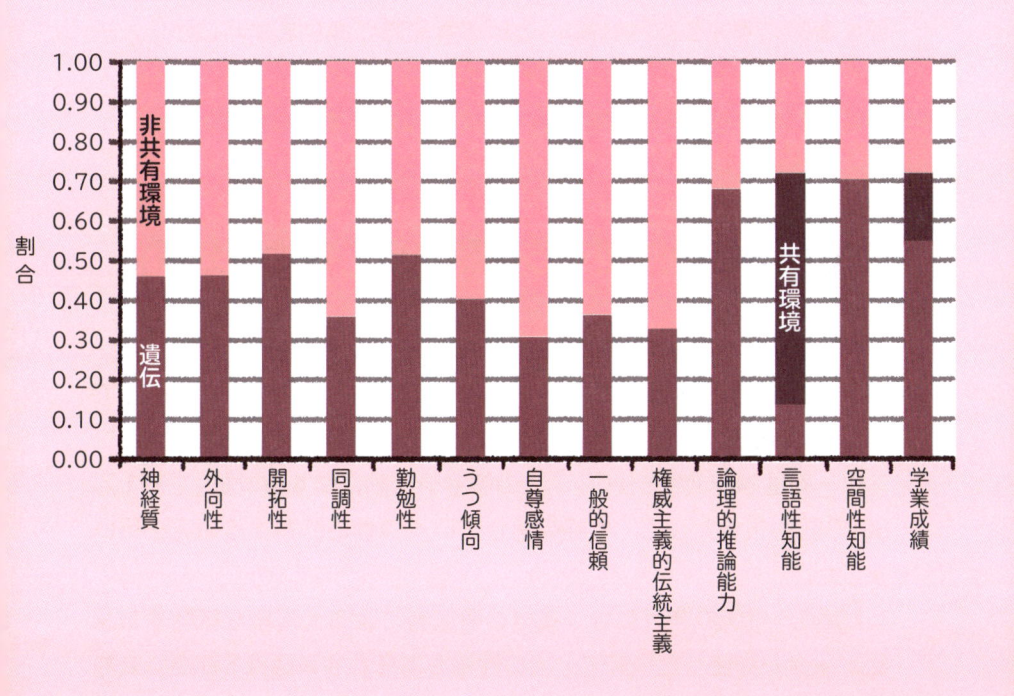

言葉にかかわる能力や学業成績については，
家庭の影響がみられるぞ。

2 あなたの性格をあらわす，「ビッグ・ファイブ」

どんな人の性格もあらわせる特性とは？

ある人の性格に，さまざまな特性がどのくらいあてはまっているのかを量的に考える，「特性論」という考え方があります。しかし，一口に性格の特性といっても，数限りなく思いつくでしょう。どんな人の性格でもあらわせる特性というものは，存在するのでしょうか？

人の態度や行動に関する単語から，特性を分類

特性論にもとづく本格的な性格の理論をはじめて組み立てたのは，アメリカの心理学者のゴードン・オールポート（1897 ～ 1967）です。彼は1930年代に，当時世界最大級の英語辞典であった『ウェブスター新国際辞典』を使い，「人の態度や行動に関する単語」を約1万8000語も抜きだして，性格の特性をいくつかに分類する研究を行いました。

1960 ～ 1980年代には，複数の研究者による大規模な統計やコンピューターを使った研究で，人の性格をあらわす単語は5種類に集約できるという結果が得られました（右のイラスト）。この5種類の特性のことを，「ビッグ・ファイブ」とよびます。言語や文化によらず，人間の性格に共通する性質なのではないかと考えられています。

性格をあらわす五つの特性

ビッグ・ファイブ理論では，人の性格を構成するのは，「外向性」「協調性」「良心性」「情緒的安定性」「知性」の五つの特性だと考えられています。性格は，この五つの特性の，量的なちがいであらわされます。

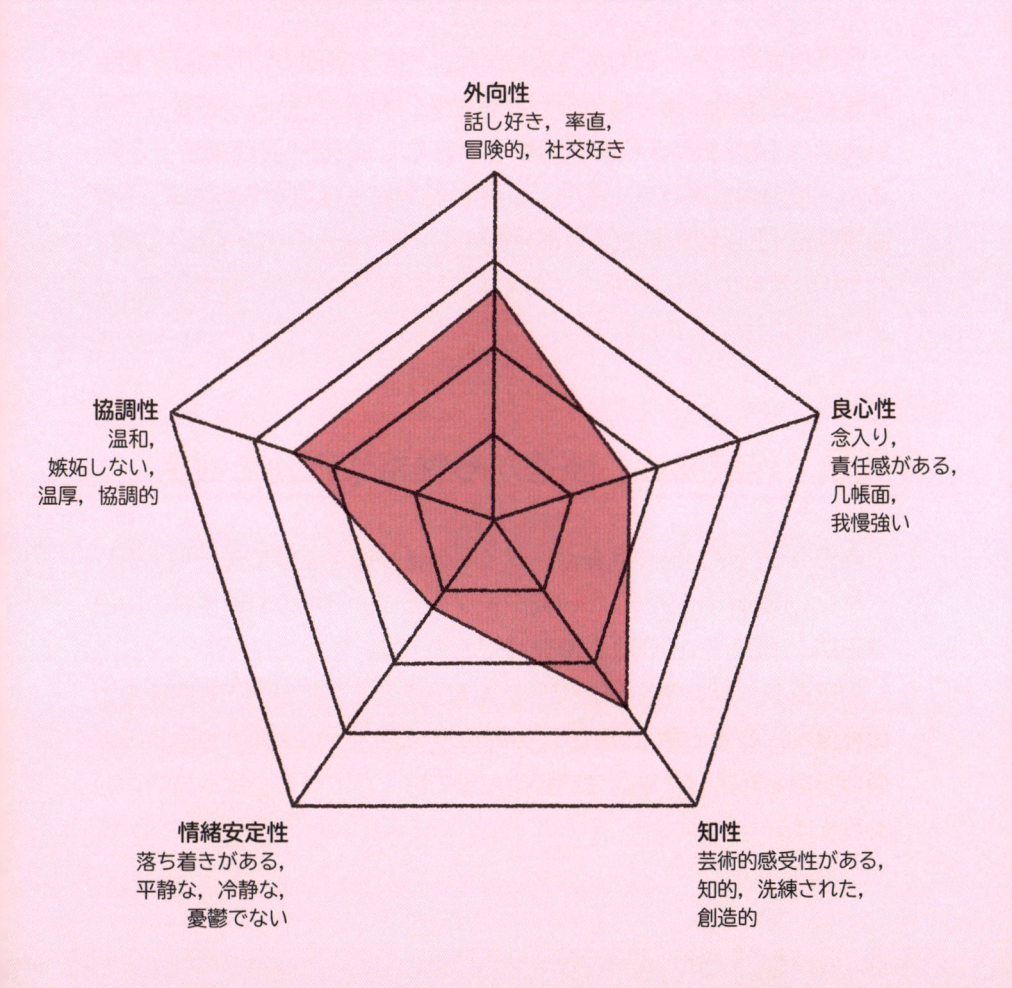

外向性
話し好き，率直，
冒険的，社交好き

良心性
念入り，
責任感がある，
几帳面，
我慢強い

協調性
温和，
嫉妬しない，
温厚，協調的

情緒安定性
落ち着きがある，
平静な，冷静な，
憂鬱でない

知性
芸術的感受性がある，
知的，洗練された，
創造的

3 単純作業をくりかえす，内田クレペリン精神検査

人の性格をつかむ「性格検査」

　性格検査で最も一般的な方法は，たくさんの質問を記した紙を相手に渡して，自分にあてはまるかどうかを「はい／いいえ／どちらともいえない」の3択や5段階評価などで答えてもらう「質問紙法」です。また，単純作業を行ってもらい，その結果から性格を分析する，「作業検査法」とよばれる方法もあります。作業検査法の代表的なものに，1けたの数字の足し算をくりかえす，「内田クレペリン精神検査」があります（右ページのイラスト）。

作業量，作業曲線，誤答から性格や行動を判定

　内田クレペリン精神検査は，ドイツの精神医学者のエミール・クレペリン（1856～1926）の研究成果をもとに，日本の心理学者の内田勇三郎（1894～1966）が開発したものです。

　内田クレペリン精神検査では，作業量（全体の計算量）で処理能力の程度を，作業曲線（1分ごとの計算量の変化）と誤答で性格や行動面の特徴を判定します。就職採用試験で導入している企業や自治体もあります。

作業量やまちがいをみる

「内田クレペリン精神検査」の検査用紙です。左から右へ数字を足して答の下1けたを記入するという作業を1分間つづけ，これを15分ずつ2回行います。

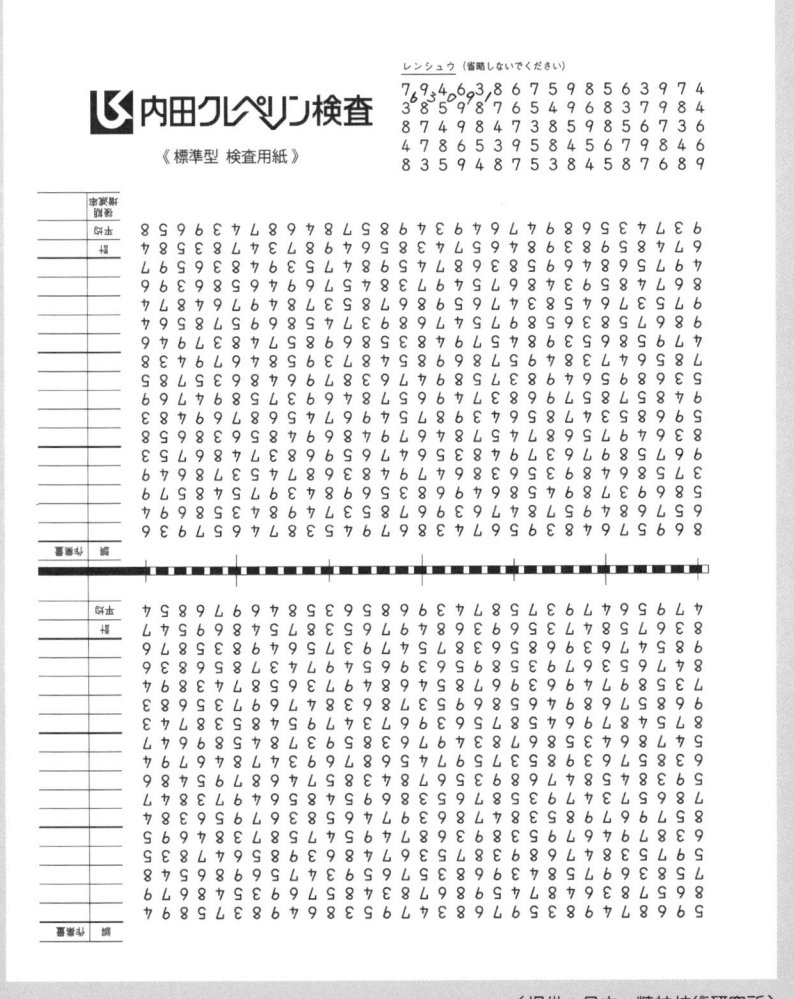

（提供：日本・精神技術研究所）

性格はかえられる？

 博士，こんにちは。最近，瞑想をはじめたんですよ。もっと冷静で落ち着いた性格になりたいと思って。

 ふむ。性格はかえられると思っておるのか。

 えっ，ちがうんですか。

 性格がかわったようにみえることは，あるじゃろう。

 ええ，久しぶりに会ったら明るくなっていたとか。

 じゃが，性格は地層のようにたくさんの層をなしていて，表層の部分がかわったようにみえても，根本的な部分は決まっていると考えられておるんじゃ。

 ビッグファイブ理論の五つの特性ですね。性格をかえたらストレスが減ると思ったのに……。

 かえるよりも，自分の性格を正しくとらえ，自分自身と周囲や社会との間でうまく折り合いをつける方法を考えることじゃ。

夢占いと夢分析

　古代，夢は神のお告げだと思われていました。時代が下ると，今度は，夢は占いに使われるようになりました。たとえば歯が抜ける夢は，変化を意味するなどです。しかしこれらは，根拠がない，あくまで民間の伝承でした。

　夢に最初に科学的なメスを加えたのは，オーストリアの精神科医のジークムント・フロイト（1856 〜 1939 年）です。**フロイトは，夢には人が普段おさえている願望があらわれていると考えました。そして心に問題のある人の夢を分析すれば，問題の原因を解明できるとしました。**

　スイスの精神科医で心理学者のカール・グスタフ・ユング（1875 〜 1961 年）は，分析心理学を確立し，夢をさらに重視しました。**ユングは，人間が意識したり言葉で説明したりするものは願望の一部で，それを補うのが夢であると考えました。そして心に問題がある人は，夢の意味を知ることで回復するとしました。**こうして夢は，神のお告げや占いの道具から，心理学の研究対象となったのです。

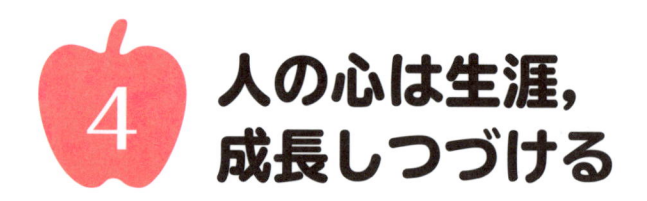

4 人の心は生涯, 成長しつづける

一生の心の変化を, 連続してとらえる

　人は生まれると, 体だけではなく, 心も変化させながら生きていきます。かつて人の心理は, 未完成な段階から大人になると完成し, 大人になったあとは機能が低下していくだけだととらえられていました。そのため, まず幼児期や青年期の心理が注目され, つづいてほかのステージにおける心理の研究がはじまりました。

　その後, 胎児の時期から老いて死にゆくまでの人の一生の心の変化を連続してとらえ, 理解しようとする考え方がでてきました。それが, 「生涯発達心理学」です。

「乗りこえるべき課題が, くりかえし発生する」

　アメリカの発達心理学者のエリック・エリクソン（1902 ～ 1994）は, 「人には生涯にわたって体, および自身を取り巻く環境の変化があり, 乗りこえるべき課題がくりかえし発生する」という視点をもっていました。 そしてこの視点から, 独自のライフサイクル論を提唱しました。エリクソンのライフサイクル論によると, 人の一生は乳児期から老年期まで, 八つの段階に分けられます。

エリクソンのライフサイクル論

エリクソンは，人の一生は「乳児期」「幼児期初期」「遊戯期」「学童期」「青年期」「前成人期」「成人期」「老年期」の八つの発達段階に分けられると考えました。

発達段階	心理・社会的発達課題 （心理・社会的危機）	発達課題の内容・意味
I 乳児期	基本的信頼 vs. 不信	他者は信頼できるもので，自分には価値があり，この世界は居心地がいいというような感覚をもつ。
II 幼児期初期	自律性 vs. 恥・疑惑	排泄を中心として，保持すること・排除することの自律性（自己統制）を獲得する。
III 遊戯期	自主性 vs. 罪悪感	大人のようになりたくて，積極的に環境に働きかける。傷つかない積極性（自主性）を獲得，何かを成しとげるのは楽しいと感じる。
IV 学童期	勤勉性 vs. 劣等感	遊びや空想の中で満足するのではなく，現実的な物事を達成することで満足を得るようになる（勤勉性・生産性の獲得）。
V 青年期	同一性 vs. 同一性拡散	自我同一性（アイデンティティ）の確立。これができないと，自分がないような不安定で混乱した状態になる。
VI 前成人期	親密性 vs. 孤立	特定の他者（パートナー）との親密な関係がもて，同時に個としての自分もゆるがない。これが獲得できないと孤立感が育つ。
VII 成人期	世代性 vs. 停滞	次世代の人間（子，後輩など）を育むことへの興味・関心をもつ。他者の育ちに喜びを感じることで，限定された自己をこえる。
VIII 老年期	統合性 vs 絶望	自分の唯一のライフサイクルを受け入れ，自分の人生は自分の責任であることを受け入れる。これができないと，絶望感があらわれる。

体や環境の変化によって生じる発達課題（危機）を乗りこえて，次の発達段階へと進むのだ。

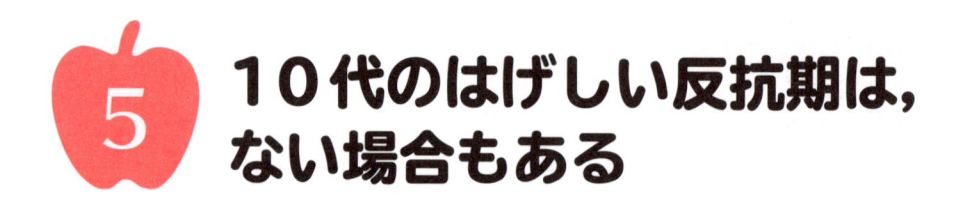

10代のはげしい反抗期は、ない場合もある

青春期には，親ばなれの準備がはじまる

青春期は10〜18歳ごろとされ，第二次性徴の時期にあたります。身長や体重が増加し，親と並ぶほどの体格になる人も出てきます。また，物事を論理的に考える能力もついてきて，親や教師のいうことがすべて正しいわけではないことにも気づいていきます。

そういった中で，親と心理的にも物理的にも一定の距離を置くようになり，親ばなれの準備がはじまります。心身の変化に心が追いつかず，いらいらしたり孤立感を感じがちになる時期でもあり，これらが非行や不登校などにつながることもあります。

葛藤は，健全な発達をあとおし

これまでの発達心理学のモデルでは，親ばなれに至るまでには，親と子供のはげしい葛藤を経験するものだと説明されてきました。しかし近年の新しいモデルでは，両親は子供にとって重要なアドバイザーであり，小さな子供のときとかわらず愛着の対象であると考えられています。また，葛藤があっても多くはそれほどはげしいものではなく，その葛藤は健全な発達をあとおしするとされます。

青春期は，親ばなれの時期

青春期は，体が大きな変化をとげるとともに，本格的な親ばなれの時期でもあります。はげしい反抗期を経験する人もいれば，目立った反抗期がない人もいます。

6 青春期に経験する アイデンティティクライシス

「これが自分である」という感覚

青年期（10歳前後から就職するころまで）は，社会に出ていく準備の時期でもあります。**エリクソンによると，アイデンティティ（自己同一性）を確立することが課題となる時期です。**

アイデンティティとは，エリクソンによると，「自分はほかの何者ともちがう自分である（斉一性）」「過去，現在，未来にわたって自分は同じ自分である（連続性または一貫性）」という実感があるということです。さらに，「これが自分である」という感覚が，他者からも同じように感じられている（相互性）ことも条件です。

過去からのつながりを感じにくくなる

青年期は急激な体の変化により，自分自身の過去からのつながりを感じにくくなります。進路問題や友人関係，恋愛や親との関係の変化などの悩みもあり，子供時代から築いてきた「これが自分」という像が不確かになりがちです。 これを，「アイデンティティクライシス」といいます。アイデンティティを確立するまでに悩み，試行錯誤する時期（モラトリアム）は，精神的に不安定になりやすいことが知られています。

自分は何なのか不安になる

アイデンティティを確立する過程では，アイデンティティクライシスを経験します。過去からのつながりを感じにくくなり，自分は何なのかというような疑問にぶつかります。

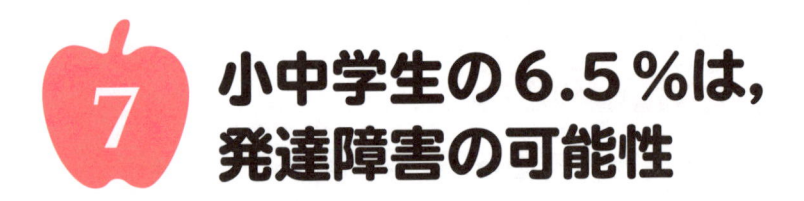

小中学生の6.5％は，発達障害の可能性

発達障害は，脳機能の障害

小学校の入学時に判明することが多い問題に，「発達障害」があります。発達障害とは，発達障害者支援法の定義によると，自閉症やアスペルガー症候群などの「広汎性発達障害」，「学習障害（LD）」，「注意欠陥（欠如）・多動性障害（ADHD）」，そのほかこれに類する脳機能の障害とされています。小中学生の6.5％に，発達障害の可能性があるという統計結果もあります。

大人が，子にあった対応をすることが大切

「広汎性発達障害」は，自閉症および自閉症に類似した症状をもつものの総称です。「学習障害」は，知的な発達には遅れがないにもかかわらず，文章を読むことや書くこと，話すこと，計算することなどのうち，特定のものが困難な障害です。「注意欠陥・多動性障害」には，目の前の課題に意識を集中できず，空想にふけったりする不注意タイプと，落ち着きなく動きまわり，何かあると過剰に反応する多動性・衝動性のタイプ，そして両方をあわせもったタイプがあります。

発達障害をもつ子の育児は，より早い段階でまわりの大人が子の困難に気づき，大人が子にあった対応を身につけることが大切です。

発達障害の種類はさまざま

発達障害といっても，その種類はさまざまです。代表的なものに，「広汎性発達障害」「学習障害（LD）」「注意欠陥（欠如）・多動性障害（ADHD）」があります。

広汎性発達障害
他人とのコミュニケーションがうまくとれなかったり，興味や活動にかたよりがあります。

学習障害（LD）
「読む」「書く」「話す」「計算する」などのうち，特定のものが困難です。

注意欠陥（欠如）・多動性障害（ADHD）
不注意，落ちつきのなさ，衝動性などが，生活や学業に悪影響をおよぼしています。

8 40 〜 45歳は，人生で最も重要な転換期

さまざまな事態に直面する中年期

一般的に40 〜 65歳ごろは，成人期，または中年期とよばれる時期です。最も安定，充実している時期といわれる一方で，中年クライシスという言葉も有名です。**仕事では責任のある地位につき，やりがいを感じる反面，その責任の重さや，体力や能力の限界，親の介護など，さまざまな事態に直面します。**

長い時間軸や社会とのつながりを考える

中年期をくわしく研究したのが，アメリカの心理学者のダニエル・レビンソン（1920 〜 1994）です。**レビンソンは，40 〜 45歳を人生の折り返し地点であるととらえ，この時期の移行がとくに重要と考えました。自分のやってきたことを再評価して，自分がこれからできることについて考え，新しい生き方をみつけだす時期としました。**

エリクソンによるライフサイクル論では，中年期の課題は，子供や次の世代を育てることです。中年期は世代間という長い時間軸や社会とのつながりを考えるという意味で，それまでと大きくことなるといえます。

人生の折り返し地点

40 〜 45歳は人生の折り返し地点で，大きな転換期だといいます。仕事では，やりがいとともに重責も感じるようになり，体力的には老いへの自覚が出てくる時期です。

出産直後の母子のふれ合いが，産後うつ防止に効果的

産後うつになる女性は10～15％にのぼる

出産前後の女性は，体が大きく変化するとともに，精神的にも非常に不安定になります。「産後うつ」になる女性は，先進国では10～15％にのぼることが明らかになっています。これは一般女性がうつになるよりも高い割合です。

母親の胸元で新生児と肌を直接ふれ合わせる「早期母子接触」が，母親の産後うつの防止によいことがわかっています。新生児と直接ふれ合うことで，ホルモンの一種であるオキシトシンが放出され，母親のストレスが低下するためではないかと考えられています。

だれでも産後うつになる可能性がある

出産後の女性は定期的な診察もなくなり，社会との接点が少なくなるため，精神的な問題が発生してもみつけることがむずかしくなります。出産前からの切れ目のない支援が重要で，行政の取り組みが進められています。だれでも産後うつなどになる可能性があることや，精神的な不調が生じても相談できる窓口があることを知っておくことで，妊娠や子育ての期間を安心して過ごすことができるでしょう。

早期母子接触

産後うつの防止に「早期母子接触」がよいとされています。ただし，出生直後の新生児は体調が不安定で，母親も痛みや疲労で注意力が下がっているので，注意が必要です。

10 65歳をすぎたら目指す，「サクセスフルエイジング」

前向きに加齢とつきあっていく

　老年期は一般的に，退職する65歳ごろ以降とされます。心身の機能が低下し，社会とのつながりが大きく変化するとともに，身近な人が亡くなるという体験もふえる時期です。**そういった状況と向き合いながらも，より精神的に充実した日々を送っていけるよう，前向きに加齢とつきあっていくあり方を，「サクセスフルエイジング」といいます。**

　老年期はこれまでの人生経験に意義を見いだし，あらたな世界を開く時期だとも考えられます。自由になる時間がふえ，趣味や社会貢献など，新たな生きがいをみつけ，新たな社会や他者とのつながりをつくることもできます。

老年期のはじまりは，第二の人生のスタート地点

　自分なりの方法でくふうして喪失体験と向き合う人は，幸福度が高いといわれています。そのためには早くから，退職後や子育て後の人生設計を考えることが大切でしょう。老年期のはじまりは，第二の人生のスタート地点ともいえます。すこやかに老いるためにできることは，いろいろあるといえそうです。

心のもちようも大事

第二の人生をいかに過ごすか，早くから考えておくことが
大切です。また，たとえ心身機能の低下などがあっても，
心のもちようで幸福度はかわるといいます。

ユングの神秘経験

名門
バーゼル大学で学び、
精神科医となる

1875年
ユング、
スイスに生まれる

1898年
ポルターガイストを
経験し、
オカルト現象に
関心をもつ

精神病の
治療の過程で
マンダラを見出し、
東洋思想も
取り入れた

1934年
神秘的思想を
研究する
「エラノス会議」に
出席した

フロイトとの決別

1907年
ユング、
フロイトと出会う

精神分析の「皇太子」といわれるほど気に入られる

1810年
国際精神分析会が設立されると

フロイトの後押しもあり、ユングが会長になる

しかし1913年、ユングのオカルトへの関心や、

「リビドー（欲望）」の解釈のちがいから、決別!!

その後、ユング自身が精神病のようになり

回復後、「分析心理学」を確立した

6. 心の問題を　取り除く心理学

人は，心に問題をかかえることがあります。そのようなときに，問題を軽くしたり，前向きな気持ちを発揮しやすくしたりしてくれるのが，「臨床心理学」です。

1 不安や悲しみを取り除く，臨床心理士と公認心理師

心が健康になるよう支援する

　人の心は，いつも元気な状態とは限りません。悩んだり落ちこんだり，恐怖を感じたりするときがあり，深刻になりすぎると，あたりまえの生活を送ることがむずかしくなってしまう場合もあります。

　「臨床心理学」は，そういった人の心の健康をあつかう心理学です。臨床心理学をおさめた「臨床心理士」や「公認心理師」は，カウンセラー（相談員）としてクライエント（来談者）と向き合い，対話したり，心理学的な介入を行ったりして，心が健康になるように支援します。

配属されているのは，精神科だけではない

　臨床心理士や公認心理師が最も多く配属されているのは，保健・医療領域で，その数は全体の約4割を占めます。精神科だけではなく，小児科，内科，皮膚科，産婦人科，外科，リハビリテーション科で受診する患者や，終末期医療を受けている患者とかかわっています。こういった現場でカウンセラーは，体の症状にストレスや本人の性格が関係していないのかを調べたり，クライエントが抱える不安や悲しみ，恐怖がやわらぐよう，心理学的な介入を行ったりします。

臨床心理士と公認心理師

「臨床心理士」は，日本臨床心理士資格認定協会が認定する民間の資格です。2018年度からは，国家資格である「公認心理師」の認定もはじまっています。

2 カウンセリング初期の アドバイスは，むしろ逆効果

話をていねいに聞き，信頼関係を築く

クライエントの心が健康になるよう支援するためには，まず，なぜクライエントが心に悩みを抱えるに至ったのか，その要因を知る必要があります。そのためカウンセラーとしていちばん大事なことは，クライエントの話をていねいに聞き，信頼関係を築くことだとされています。もし話を最後まで聞かずに途中でさえぎってしまったら，クライエントがカウンセラーに心を開いてくれなくなるからです。

率直な気持ちや事実を話してもらう

カウンセラーがクライエントに対して，面接初期の段階で何かアドバイスをすることも，してはいけないこととされています。そういうことをすれば，アドバイスの内容に含まれるカウンセラーの価値観や意見をクライエントが察して，ほんとうに思っていることを話してくれなくなるからです。

カウンセラーは，クライエントが抱いている率直な気持ちや事実などを，よしあしの条件をつけずに話してもらえるように努めながら，クライエントの置かれた状況を整理・理解していく必要があるのです。

心の扉を開くには

クライエントが心を閉ざしてしまうと，適切な支援ができなくなってしまいます。カウンセラーは，クライエントの話をていねいに聞くことで，クライエントとの信頼関係を築きます。

3 分析内容を折にふれて伝える カウンセリングもある

話を聞くことに徹するロジャーズの方法

　現代のカウンセリングの方法に大きな影響をあたえたのが，アメリカの臨床心理学者のカール・ロジャーズ（1902 ～ 1987）です。ロジャーズは，クライエントの話を聞くことに徹し，クライエントに共感をもって接するという，カウンセラーの姿勢を提唱しました。

分析内容を伝えていくフロイトの方法

　一方で，クライエントの状態についてカウンセラーが分析した内容を，折にふれてクライエントに伝えていくというカウンセリングの方法もあります。フロイトの「精神分析療法」です。精神分析療法は，幼少期のころに経験した出来事や対人関係などは無意識の中におさえこまれており，成人後の行動や思考などにそれらがあらわれてくる，という考え方にもとづきます。

　クライエントは，カウンセラーにさまざまな話をするうちに，無意識の中におさえこまれていた記憶に気づいていきます。カウンセラーは，その記憶がクライエントの現在の状況にどんな影響をあたえているのかを分析してクライエントに伝え，最終的には，現在の状況に至った背景をクライエント本人に気づいてもらうのです。

無意識の中の記憶

フロイトの精神分析療法は，幼少期の記憶が無意識の中におさえこまれているという考え方にもとづきます。カウンセリングを通じてその記憶がよみがえらせ，診療に役立てます。

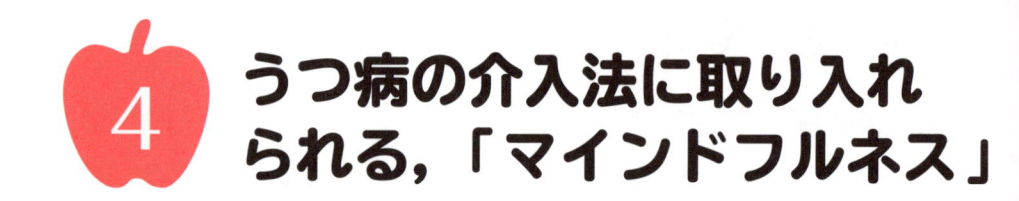

4 うつ病の介入法に取り入れられる,「マインドフルネス」

落ちこみや悲壮感からネガティブな思考が生まれる

うつ病は,精神疾患の中でも身近な病気で,10 〜 15人に1人は発症すると考えられています。うつ病になると,気分の落ちこみや悲壮感が心の状態を占め,ネガティブな思考が生まれてきます。何かをする気力がなくなったり,何にも関心を示さなくなったりします。

うつ病の介入法としては,クライエントの認知や行動を修正していく「認知行動療法」がよく使われていました。しかし,自分の認知のゆがみを認めてかえていく作業は,うつ病患者にとっては大きな負担です。このため最近では,新しい認知行動療法が注目されています。それは,「マインドフルネス」という,仏教や禅の流れを受けた方法を取り入れたものです。

感情や思考をあるがままに受け止める

マインドフルネスは,この瞬間に感じている思考や感情をそのまま受け入れ,気づくことに気持ちを集中させ,それらを一定の距離を保ってながめられるようにする方法のことです。自分の感情や思考を否定せず,あるがままに受け止めながら少しずつ行動をかえていくという介入法がとられつつあるのです。

うつ病は性別，年齢を問わず

うつ病というと，働きざかりの世代に多いイメージがあるかもしれません。しかしうつ病は，子どもやシニア世代でも発症します。また，男女も関係ありません。

家の鍵をかけたか，何度も確認する「強迫症」

生活に支障をきたすほどの強い不安

「不安症」は，生活に支障をきたすほどの強い不安を感じる病気です。たとえば，何の前ぶれもなく突然呼吸が苦しくなったり，動悸がしたり，失神してしまったりする「パニック発作」という症状があります。症状は20 〜 30分でおさまるものの，クライエントはまた発作がおきるのではないかとつねに強い不安にとらわれながら過ごすことになります。

不安症の中には，ある特定のものに異常な恐怖を抱く，「恐怖症」というものもあります。戦争や災害，事故などに遭遇した人は，「心的外傷後ストレス障害（PTSD）」を発症してしまうことがあります。

行為を止められると強い不安に襲われる

症状の重さから，介入に困難をともなう疾患に，「強迫症」があります。自分でもおかしいと思いつつ，不安をおこす強迫観念を打ちはらうために同じ行為をずっとやりつづけてしまう病気です。何度も手を洗わないと気がすまない「強迫洗浄」，家の鍵をかけたかを何度も確認しないと気がすまない「確認強迫」などがあります。クライエントは，これらの行為を止められると，強い不安に襲われます。

確認しないと気がすまない

家の鍵をかけたかどうか不安になり，確認に戻ったことがある
という人は多いのではないでしょうか。何度も確認しないと
気がすまない場合は，確認強迫にあたります。

6 不安や恐怖に，あえて ふれさせる介入法

不安や恐怖を取り除くのは有効ではない

　不安症や強迫症では，クライエントの不安や恐怖を取り除くという介入法は，有効ではないと考えられています。

　現在行われている主な介入法の一つが，日本の精神科医である森田正馬が1919年に開発した，「森田療法」です。不安や恐怖の感情はそのまま置いておいてもらい，症状のためにできないと思っていた日常の作業や行動を，無理のない範囲で取り組んでもらいます。こうすることで，自分に生じている不安や恐怖に向いていた注意や関心を，外に向けてもらうのです。

不安や恐怖を抱えることになれる

　もう一つの主な介入法として，クライエントが不安や恐怖を感じる物事に，段階的に少しずつふれさせる「曝露療法」があります。不安や恐怖は完全に取り除けるものではなく，自然にそなわっている感情でもあるので，不安や恐怖になれてもらうという考え方です。不安や恐怖という感情はあっても，不安や恐怖を抱えることになれてもらい，それまでさけていたものをさけずに生活できるようにするのです。

不安や恐怖になれる

曝露療法は，不安や恐怖を感じる物事に，段階的に少しずつ
ふれされる方法です。不安や恐怖になれてもらいます。

自己啓発の父 アドラー

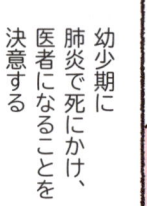

1895年 アドラー、オーストリアに生まれる

幼少期に肺炎で死にかけ、医者になることを決意する

1902年 内科医として働いていたが、

友人らとフロイトとの会合に参加し、精神分析の道へと進んでいく

1912年 考え方のちがいから、フロイトと決別!!

「個人心理学」を確立する

前向きになれる考え方や名言を数多く残し

「自己啓発の父」ともよばれる

大富豪の援助

公演で
ヨーロッパと
アメリカを
行き来していた
アドラー

1928年ごろ
アメリカの大富豪
チャールズ・ヘンリー・
デイビスと知り合う

重い
うつ病だった
デイビスの娘を
診察

劇的に快方へと
向かったことから、
絶大な信頼を得る

以降、
デイビスから
さまざまな
援助を受け

大学教授の
職を得たり、
児童相談所を開いたり
することができた

講演会も大盛況で

お抱え
運転手つきの
車で
移動するように
なった

心の問題をかかえたら

　心の問題は，いつだれの心におきても不思議ではありません。たとえば家庭では，育児ノイローゼや介護うつになる可能性があります。学校ではいじめ，職場ではパワーハラスメントなどの被害を受けるかもしれません。薬物やアルコールなどの依存症になってしまうことや，自傷や自殺につながりかねない深刻な心の問題をかかえてしまうこともあります。

　心の問題をかかえたときのために，地域や学校には相談窓口があります。精神科専門病院などの医療機関はもちろんのこと，保健所や児童相談所などの公的機関もあります。教育関係の問題なら，スクールカウンセラーや学生相談室などが有効です。働く社会人には「EAP（従業員支援プログラム）専門機関」がありますし，もし自殺を考えてしまった場合には，「いのちの電話」や「いのち支える相談窓口」があります。

　臨床心理士の団体である日本臨床心理士会では，ウェブサイトで臨床心理士の紹介を受けつけています。心の問題をかかえたら，ぜひ問い合わせてください。

【おきやすい心の問題】

家庭でおきやすい問題	産後うつ，育児ノイローゼ，家庭内暴力，閉じこもり，介護うつなど
学校でおきやすい問題	いじめ，不登校など
職場でおきやすい問題	パワーハラスメント，過労，セクシュアルハラスメントなど
そのほかの問題	薬物依存，アルコール依存，ゲーム依存，自傷，自殺など

【誰に相談したらいい？】

医療領域	診療所，精神科専門病院など
保健福祉領域	保健所・保健センター，精神保健福祉センター，児童相談など
教育領域	学校のスクールカウンセラー，大学の学生相談室，保健管理センター，付属相談機関
産業領域	EAP（従業員支援プログラム）専門機関
自殺関連	いのちの電話，いのち支える相談窓口

【臨床心理士に出会うには】

一般社団法人 日本臨床心理士会「臨床心理士に出会うには」	http://www.jsccp.jp/near/

AI

ニュートン式
超図解 最強に面白い!!

人工知能

2019 年 9 月下旬発売予定　A5 判・128 ページ　990 円（税込）

　「人工知能（Artificial Intelligence：AI）」が，ものすごい勢いで社会に進出しています。病気の診断や，車の運転，さらには企業の採用活動にまで人工知能が活用されつつあるのです。私たちの生活は，人工知能の飛躍によって，今まさに大きく変わろうとしています。

　人工知能はどこまで進化するのでしょうか。アメリカの人工知能研究者レイ・カーツワイル博士は，2029 年には，あらゆる分野で人工知能が人間の知能を上回ると予測しています。さらに 2045 年には，驚異的な能力をもつ人工知能によって，人が予測できないほど猛烈な速度で社会が変化する「技術的特異点（シンギュラリティ）」が訪れると予言しています。

　本書は，人工知能がもたらす未来や，人工知能のしくみを“最強に”面白く紹介する 1 冊です。どうぞご期待ください！

余分な知識満載だリス！

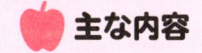 **主な内容**

これが人工知能だ！

人工知能はこうして誕生した！
人工知能の得意なこと，苦手なこと

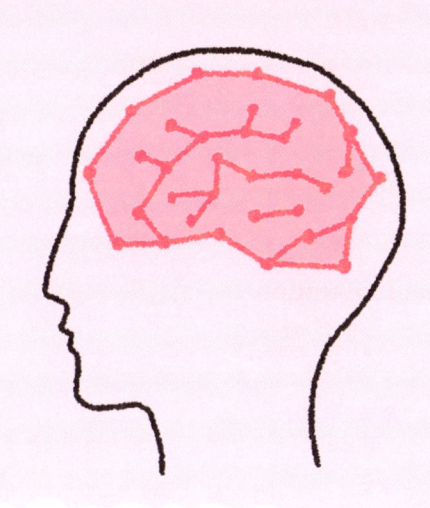

深層学習「ディープラーニング」

脳と同じしくみを利用したディープラーニング
最強の囲碁AI誕生！

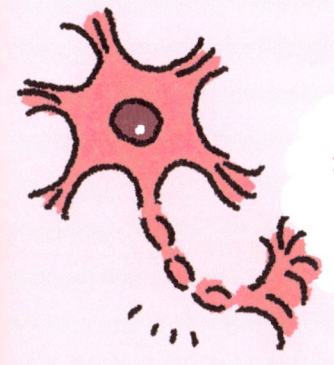

社会に進出する人工知能

ディープラーニングで，翻訳精度が大幅アップ！
人工知能でがんをみつけだせ！

人工知能の未来

夢の「汎用人工知能」をつくりだせ！
人工知能の進化で，「シンギュラリティ」が到来!?

Staff

Editorial Management	木村直之
Editorial Staff	井手 亮
Cover Design	羽田野乃花
Editorial Cooperation	株式会社 美和企画（大塚健太郎, 笹原依子）・青木美加子・寺田千恵

Photograph

87	日本・精神技術研究所

Illustration

3~85	羽田野乃花
88~123	羽田野乃花

監修（敬称略）：
横田正夫（日本大学文理学部心理学科教授）

本書は主に，Newton 別冊『ゼロからわかる 心理学』の一部記事を抜粋し，
大幅に加筆・再編集したものです。

初出記事へのご協力者（敬称略）：
大島 尚（東洋大学社会学部教授）
金子一史（名古屋大学心の発達支援研究実践センター教授）
川﨑弥生（大阪市立大学大学院文学研究科都市文化研究センター研究員）
北神慎司（名古屋大学大学院情報学研究科心理・認知科学専攻心理学講座准教授）
釘原直樹（大阪大学大学院人間科学研究科名誉教授）
小俣謙二（駿河台大学心理学部教授）
サトウタツヤ（立命館大学総合心理学部教授）
杉浦義典（広島大学大学院総合科学研究科准教授）
高橋雅延（聖心女子大学現代教養学部心理学科教授）
永田雅子（名古屋大学心の発達支援研究実践センター教授）
仁平義明（星槎大学大学院教育学研究科教授，白鴎大学名誉教授，東北大学名誉教授）
浜田寿美男（奈良女子大学名誉教授）
松浦隆信（日本大学文理学部心理学科准教授）
横田正夫（日本大学文理学部心理学科教授）

ニュートン式
超図解 最強に面白い!!
心理学 人間関係 編

2019年9月20日発行　　2021年7月20日 第3刷

発行人	高森康雄
編集人	木村直之
発行所	株式会社 ニュートンプレス　〒112-0012東京都文京区大塚3-11-6

© Newton Press　2019　Printed in Taiwan
ISBN978-4-315-52180-1